Révisez
votre France

RÉVISEZ VOTRE FRANCE

LES ÉDITIONS DU CERF

Édition : Marion Scheffels
Création graphique et mise en pages : Rudy Nimsguerns

Cet ouvrage rassemble des extraits du texte de Paul Lehugeur, les cartes et gravures publiés en 1887 sous le titre *Géographie de la France, enseignée à l'aide du dessin, à l'usage des écoles primaires, des institutions, etc.*, ainsi que les questions de géographie des examens du certificat d'études de 1924 publiées dans le Journal des instituteurs et institutrices de 1925.

www.editionsducerf.fr
24, rue des Tanneries
75013 Paris

ISBN : 978-2-204-16455-9

PRÉFACE

« La France, c'était mieux avant. » Qui n'a jamais entendu cette phrase ? Ce n'est pourtant pas ce qui nous vient à l'esprit à la lecture de ces leçons issues d'un manuel de géographie de 1887 qui nous dévoile une France « d'avant » meurtrie après la guerre de 1870, à l'affût du danger, aux aguets pour défendre ses frontières.

Le lecteur contemporain libéré de cette contradiction pourra se plonger dans le panorama exhaustif du territoire français que nous livre l'auteur de ce manuel. De Dunkerque au Mont Canigou, de l'île d'Ouessant au Mont Donon (le traité de Francfort étant passé par là et ayant ravi à la France son Alsace et sa Lorraine), en suivant les cours d'eau, il décrit avec la délicatesse du langage pédagogique du XIXe siècle ce qui fait la beauté et la diversité de la France.

Grâce aux leçons agrémentées de nombreuses cartes, c'est du bout des doigts que l'on suit les côtes et les frontières françaises. On s'intéresse à la moindre aspérité du littoral, au pas qui se nomme de la Déroute et de Calais, aux crêtes des Vosges, au mont Dore, au puy de Dôme, au delta du Rhône, aux îles d'Hyères, à tout ce qui fait la singularité de la France.

On se passionne pour l'histoire géographique de ces villes qui ont une importance maritime, agricole, industrielle ou militaire, de Cherbourg à Besançon en passant par Bourges, Béziers ou Nevers.

On apprend que le zinc de nos brasseries parisiennes provient de Belgique, que la laine pour les draps était importée d'Australie, qu'Orléans produit un fameux vinaigre, que le tunnel sous la Manche était déjà envisagé en 1887.

Et quoi de mieux, pour célébrer la fin d'une année scolaire et l'arrivée de la période estivale, que de faire le bilan sur ses connaissances ? Une large part de ce cahier est dédiée aux jeux mais aussi aux révisions afin de se frotter aux terribles questions de géographie du certificat d'études.

Vous connaîtrez ainsi enfin la liste des départements. Une excellente façon de passer le temps dans les bouchons (ou dans le train) sur la route des vacances qui vous mèneront peut-être dans l'un des magnifiques territoires présentés dans ce cahier.

Marion Scheffels

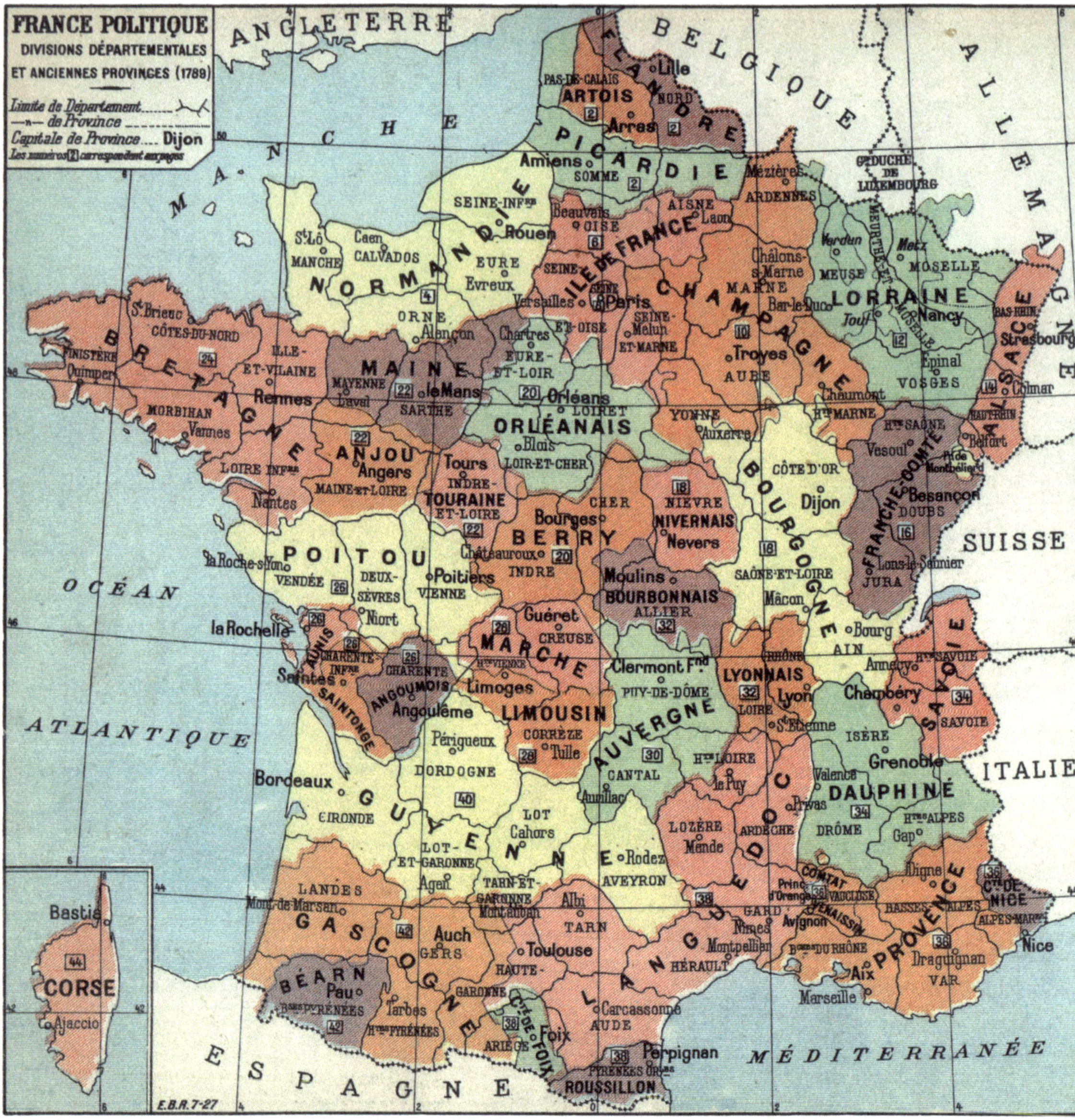
FRANCE POLITIQUE
DIVISIONS DÉPARTEMENTALES
ET ANCIENNES PROVINCES (1789)
Limite de Département
de Province
Capitale de Province.... Dijon
ANGLETERRE
BELGIQUE
ALLEMAGNE
SUISSE
ITALIE
ESPAGNE
MANCHE
OCÉAN
ATLANTIQUE
MÉDITERRANÉE
GD DUCHÉ DE LUXEMBOURG
FLANDRE
Lille
NORD
ARTOIS
PAS-DE-CALAIS
Arras
PICARDIE
Amiens
SOMME
NORMANDIE
SEINE-INFre
Rouen
Caen
CALVADOS
St Lô
MANCHE
EURE
Evreux
ORNE
Alençon
ILE DE FRANCE
Beauvais
OISE
AISNE
Laon
SEINE
Paris
Versailles
SEINE-ET-OISE
SEINE-ET-MARNE
Melun
CHAMPAGNE
Mézières
ARDENNES
Châlons-s-Marne
MARNE
Troyes
AUBE
Chaumont
Hte MARNE
LORRAINE
Verdun
MEUSE
Metz
MOSELLE
Bar-le-Duc
Toul
Nancy
MEURTHE-ET-MOSELLE
Epinal
VOSGES
ALSACE
BAS-RHIN
Strasbourg
Colmar
HAUT-RHIN
Belfort
BRETAGNE
St Brieuc
CÔTES-DU-NORD
FINISTÈRE
Quimper
ILLE-ET-VILAINE
Rennes
MORBIHAN
Vannes
LOIRE INFre
Nantes
MAINE
MAYENNE
Laval
le Mans
SARTHE
Chartres
EURE-ET-LOIR
ORLÉANAIS
Orléans
LOIRET
Blois
LOIR-ET-CHER
YONNE
Auxerre
ANJOU
Angers
MAINE-ET-LOIRE
TOURAINE
Tours
INDRE-ET-LOIRE
BERRY
Bourges
CHER
Châteauroux
INDRE
NIVERNAIS
NIÈVRE
Nevers
BOURGOGNE
CÔTE D'OR
Dijon
SAÔNE-ET-LOIRE
Mâcon
Bourg
AIN
FRANCHE-COMTÉ
Hte SAÔNE
Vesoul
Besançon
DOUBS
Lons-le-Saunier
JURA
POITOU
La Roche-s-Yon
VENDÉE
DEUX-SÈVRES
Niort
Poitiers
VIENNE
BOURBONNAIS
Moulins
ALLIER
AUNIS
La Rochelle
CHARENTE INFre
Saintes
SAINTONGE
ANGOUMOIS
CHARENTE
Angoulême
MARCHE
Guéret
CREUSE
Hte VIENNE
Limoges
LIMOUSIN
CORRÈZE
Tulle
AUVERGNE
Clermont Fd
PUY-DE-DÔME
CANTAL
Aurillac
LYONNAIS
RHÔNE
Lyon
LOIRE
St Étienne
Hte LOIRE
le Puy
SAVOIE
Hte SAVOIE
Annecy
Chambéry
DAUPHINÉ
ISÈRE
Grenoble
Valence
DRÔME
Hes ALPES
Gap
Privas
ARDÈCHE
GUYENNE
Bordeaux
GIRONDE
Périgueux
DORDOGNE
LOT
Cahors
LOT-ET-GARONNE
Agen
TARN-ET-GARONNE
Montauban
Rodez
AVEYRON
LOZÈRE
Mende
LANGUEDOC
Albi
TARN
Toulouse
HAUTE-GARONNE
GARD
Nîmes
Montpellier
HÉRAULT
Carcassonne
AUDE
Foix
ARIÈGE
CTÉ DE FOIX
Perpignan
PYRÉNÉES ORles
ROUSSILLON
GASCOGNE
LANDES
Mont-de-Marsan
Auch
GERS
Tarbes
Htes PYRÉNÉES
BÉARN
Pau
Bses PYRÉNÉES
COMTAT VENAISSIN
Princ. d'Orange
VAUCLUSE
Avignon
PROVENCE
Digne
BASSES-ALPES
Bches DU RHÔNE
Aix
Marseille
Draguignan
VAR
Cté DE NICE
ALPES-MARes
Nice
CORSE
Bastia
Ajaccio
E.B.R.7-27

AVERTISSEMENT DE L'ÉDITEUR

La partie « Leçons » de cet ouvrage reproduit le manuel de Paul Lehugeur intitulé *Géographie de la France, enseignée à l'aide du dessin*, publié en 1887, raison pour laquelle les leçons font abstraction de l'Alsace et de la Lorraine, cédées à l'Empire allemand par le traité de Francfort le 10 mai 1871, avant qu'elles ne reviennent à la France en 1918.

On ne s'étonnera donc pas de voir figurer la bière de Strasbourg (qui est louée pour ses immenses qualités) dans le chapitre du commerce extérieur, ni même que le Rhin soit absent des fleuves français.

Comme il se doit, on retrouvera l'Alsace et la Lorraine réintégrées aux frontières dans la deuxième patrie de l'ouvrage « À vous de jouer ! » qui consiste en des jeux et des questions de géographie issues des annales du certificat d'études de 1924.

Il est également à noter que nous avons respecté l'orthographe et la dénomination des départements de l'époque, c'est pourquoi la Loire-Atlantique, par exemple, sera appelée Loire-Inférieure et la ville de Sète sera orthographiée Cette.

LEÇONS

Première leçon

FORME DE LA FRANCE

1. – La France a huit côtés :

Le 1er va de *Dunkerque* à l'*île d'Ouessant* ;

Le 2e de l'*île d'Ouessant* à *La Rochelle* ;

Le 3e de *La Rochelle* à la *Bidassoa* ;

Le 4e de la *Bidassoa* au *cap Cerbère* ;

Le 5e du *cap Cerbère* à *Menton* ;

Le 6e de *Menton* à l'*entrée du Rhône en France* ;

Le 7e de l'*entrée du Rhône en France* au *mont Donon*, dans les Vosges ;

Le 8e du *mont Donon* à *Dunkerque*.

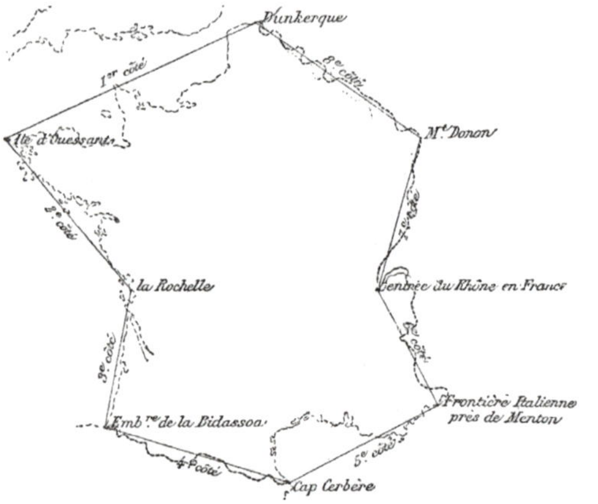

2. – Ces huit côtés sont très inégaux.

Le 1er est le plus long (plus de 150 lieues) ; il est à peu près le double du 3e, du 6e et du 7e, qui ont de 75 à 80 lieues ; il est moitié plus long que le 2e, le 4e, le 5e et le 8e, qui ont chacun une centaine de lieues.

3. – La France est partagée en deux parties à peu près symétriques par la méridienne de Paris.

Dunkerque, extrémité nord de la France, est sur la méridienne même. L'île d'Ouessant fait pendant au mont Donon, La Rochelle à l'entrée du Rhône en France, la Bidassoa à Menton. Mais la symétrie n'est parfaite que pour La Rochelle et l'entrée du Rhône en France, qui sont à la même latitude et de plus à la même distance de la méridienne.

Il faut remarquer au contraire :

1° que l'île d'Ouessant est beaucoup plus éloignée de la méridienne que le mont Donon ;

2° que la Bidassoa et Menton ne sont pas tout à fait à la même latitude ni à la même distance de la méridienne ;

3° que le cap Cerbère est situé un peu à l'est de la méridienne.

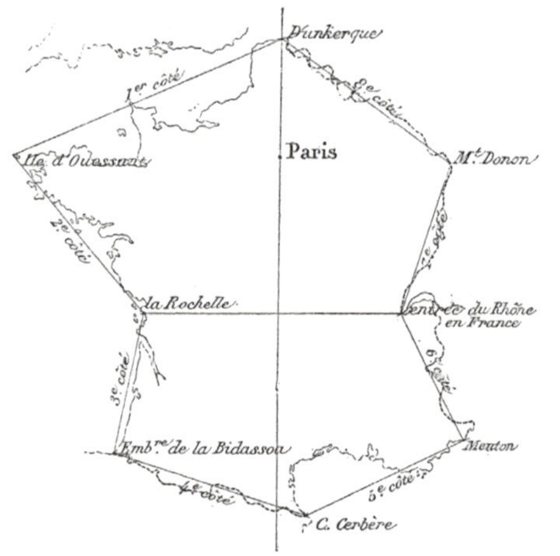

4. – La ligne qui joint La Rochelle à l'entrée du Rhône en France est la plus courte qu'on puisse tracer d'un côté a l'autre de la France.

Il est très instructif de remarquer que cette ligne est exactement égale à la ligne qui joint l'île d'Ouessant à Paris (135 lieues). La distance est donc la même de l'île d'Ouessant à La Rochelle que de Paris à l'entrée du Rhône en France.

Il faut remarquer aussi que La Rochelle et l'entrée du Rhône en France sont plus éloignées de Dunkerque que de l'extrémité sud de la méridienne en France.

5. – Construction de la figure représentant la France.

PRÉLIMINAIRES. — Je trace au milieu de ma page une ligne verticale ; j'en marque les deux extrémités par les lettres D et C (Dunkerque et Mont Canigou) ; je la divise en quatre parties égales par les points S (Saint-Amand), P (Paris), D' (Decazeville).

En géométrie, une lettre marquée d'un accent (D', par exemple) se dit D prime.

1er côté. Du point P (Paris), je trace vers la gauche une ligne horizontale égale à un peu plus de deux fois la ligne D P (exactement : deux fois et un quart) ; le point O marque l'île d'Ouessant ; je joins D O.

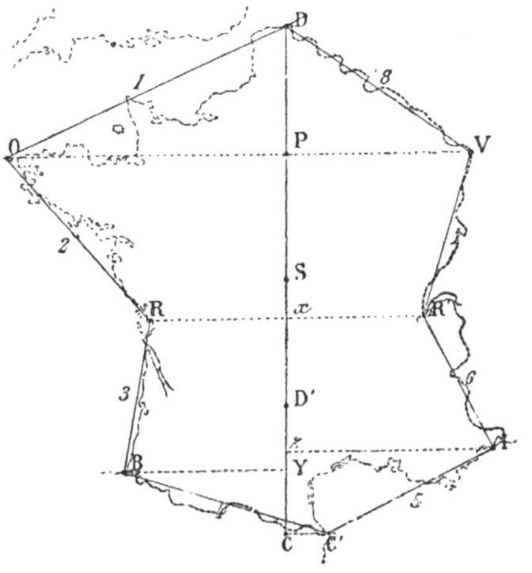

2e côté. Un peu au-dessous du point S (exactement au point x, trois fois plus près d'S que de D'), je trace vers la gauche une ligne horizontale égale à la moitié de la ligne P O ; le point R marque La Rochelle, je joins O R.

3e côté. Entre D' et C, à égale distance des deux points (au point Y), je trace vers la gauche une ligne horizontale un peu plus longue que la ligne x R ; le point R marque l'embouchure de la Bidassoa ; je joins R B.

4e côté. Du point C, je trace vers la droite une ligne horizontale égale au quart de la ligne x R ; le point C marque le cap Cerbère ; je joins B C.

5e côté. Entre D' et Y (exactement : au point z, deux fois plus près d'Y que D'), je trace vers la droite une ligne égale à une fois et demie x R ; le point I marque la frontière italienne près de Menton ; je joins C I.

6e côté. Du point x, je trace vers la droite une ligne horizontale égale à x R ; le point R', symétrique du point R, marque l'entrée du Rhône en France ; je joins I R'.

7e côté. Du point P, je trace vers la droite une ligne horizontale égale à une fois et demie la ligne D P ; le point V marque le mont Donon dans les Vosges ; je joins R' V.

8e côté. Je joins V D.

La figure ainsi tracée est un octogone. Le mot octogone, qui vient des deux mots grecs, *octo*, huit, et *gonos*, angle, est un terme géométrique qui signifie figure à huit angles, ou, en d'autres termes, à huit côtés, égaux ou inégaux.

À VOUS DE JOUER !

Tracez la figure représentant la France.

Deuxième leçon

STRUCTURE GÉNÉRALE DE LA FRANCE

1. – Limites. Des 8 côtés de la France, 4 sont limites maritimes et 4 limites continentales.

Le 1er représente la côte de la *mer du Nord* et de la *Manche* ; le 2e représente la côte de l'*océan Atlantique* proprement dit ; le 3e représente la *côte du golfe de Gascogne* ; le 4e représente la *frontière espagnole* ; le 5e représente la *côte de la mer Méditerranée* ; le 6e représente la *frontière italienne* et une partie de la *frontière suisse* ; le 7e représente l'autre partie de la *frontière suisse* et une partie de la *frontière allemande* ; le 8e représente l'autre partie de la *frontière allemande* et la *frontière belge*.

2. – Situation.

1° Baignée à la fois par l'Atlantique et par la Méditerranée, la France communique facilement par mer avec les pays commerçants du monde entier : ainsi elle est mieux partagée que l'empire d'Allemagne, et même que l'Angleterre, dont les navires sont forcés, pour atteindre la Méditerranée, de faire un grand détour par le détroit de Gibraltar ; de même l'Autriche et l'Italie, qui ne sont baignées que par la Méditerranée, communiquent difficilement avec le nord de l'Europe ; enfin la Russie ne touche qu'à la Baltique et à la mer Noire, que peuvent fermer ses ennemis en temps de guerre ; en outre la Baltique gèle l'hiver.

2° Placée entre l'Espagne d'une part, la Belgique, l'Allemagne, la Suisse, l'Italie d'autre part, la France est entourée de pays commerçants, avec lesquels elle communique sans peine ; ainsi elle est mieux partagée que l'Espagne, placée comme elle entre deux mers, mais isolée à l'extrémité de l'Europe.

3° La France a encore l'avantage d'être un pays de transit, c'est-à-dire de servir de passage pour les marchandises et pour les voyageurs entre l'Atlantique et la Méditerranée, entre l'Espagne et le reste de l'Europe. Ce transit est une source de richesse. La France a donc dans le monde une situation privilégiée.

3 – Frontières. Il ne suffit pas à un pays d'être dans une position avantageuse en temps de paix. Il lui faut des frontières, qui lui permettent de se distinguer nettement des nations voisines, de se défendre chez lui, et au besoin d'entrer chez les autres.

La *frontière espagnole* est formée par les Pyrénées, grande chaîne de montagnes qui s'étend d'une mer à l'autre, comme une muraille.

La *frontière italienne* est formée par les Alpes, énorme massif de montagnes, plus facile à franchir pour les Français que pour les Italiens.

La *frontière suisse* est formée par le Jura.

La première partie de la *frontière allemande* est formée par les Vosges, mais la seconde partie est entièrement conventionnelle, c'est-à-dire qu'elle est seulement marquée par des bornes placées de distance en distance comme celles qui limitent les pièces de terre.

La *frontière belge* est formée elle aussi par une ligne conventionnelle.

4. – Structure intérieure. La France n'est pas une immense plaine comme la Russie, ni un vaste plateau comme l'Espagne, ni un large plan incliné comme l'Allemagne, ni une chaîne à deux versants comme la péninsule italienne. La France a une structure toute particulière ; elle se compose :

1° de massifs de montagnes situés sur ses limites, Pyrénées, Alpes, Jura, Vosges ;

2° d'un Massif central formé de montagnes et de collines ;

3° de collines isolées, telles que les Ardennes, la Bretagne, etc. ;

4° d'une ceinture de plaines qui entourent le Massif central.

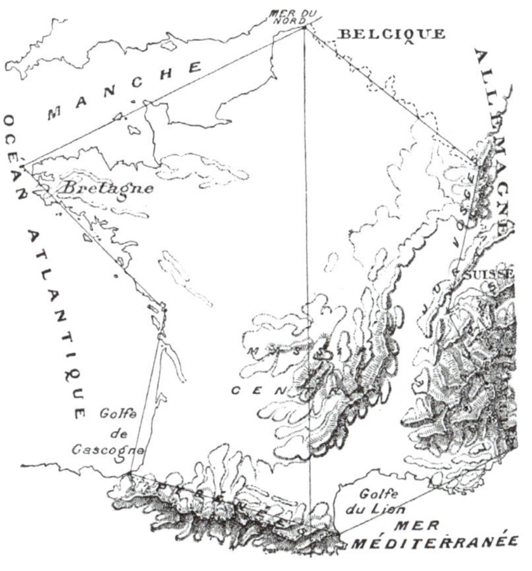

1re REMARQUE. — De l'inégalité du relief résulte une grande variété dans le climat, dans les productions, dans la population, dans le commerce, etc.

2e REMARQUE. — Les plaines sont beaucoup plus larges au Nord qu'au Sud, parce que le massif dit Massif central est situé dans la partie méridionale, et parce qu'il n'y a pas de massif montagneux sur les limites nord de la France.

3e REMARQUE. — On a pu comparer la France à une citadelle : les massifs de montagnes et de collines en seraient les remparts ; le Massif central le donjon, et la ceinture de plaine le chemin de ronde. Cette comparaison a l'avantage d'être très expressive, mais il faut bien remarquer que les remparts de notre citadelle sont loin d'être continus, que le donjon est ouvert de plusieurs côtés par de larges portes, et que le chemin de ronde est resserré et embarrassé sur plusieurs points.

5. – Superficie. La superficie de la France est de 33 millions d'hectares, en d'autres termes, de plus d'un demi-million de kilomètres carrés (puisqu'un kilomètre carré équivaut à cent hectares). Si elle comptait 33 millions d'habitants, il y aurait un habitant par hectare ; mais comme la population n'atteint pas 38 millions, un habitant correspond à 140 ares, c'est-à-dire à près d'un hectare et demi. Mais les chiffres sont moins expressifs que la comparaison avec d'autres surfaces.

La France est la millième partie de la surface du globe, et la deux cent cinquantième partie des continents et des îles, puisque les mers couvrent à peu près les trois quarts du globe.

La France est la dix-neuvième partie de l'Europe : elle est dix fois plus petite que la Russie d'Europe ; elle est d'un tiers plus petite que les États Scandinaves et que l'Autriche-Hongrie. Elle est à peu près de la même étendue que l'empire d'Allemagne et que l'Espagne. Enfin, si elle n'avait pas perdu l'Alsace et la Lorraine, elle serait presque deux fois grande comme l'Italie.

L'idée que nous avons de l'étendue de la commune, de l'arrondissement, du département que nous habitons, peut nous servir à nous représenter celle de la France. La France est divisée en 86 départements, subdivisés en 362 arrondissements, qui sont formés de 36 000 communes : c'est dire qu'elle est 36 000 fois plus grande qu'une commune moyenne ; 362 fois plus grande qu'un arrondissement moyen ; 86 fois plus grande qu'un département moyen. (Elle est 1 100 fois grande comme le département de la Seine, le plus petit de tous, et 34 fois seulement comme le département de la Gironde, qui est le plus étendu.)

6. – Principales longueurs.

1° La France mesure 240 lieues du Nord au Sud, de Dunkerque au mont Canigou. Si je me rappelle la forme de la France, ce seul chiffre me suffit pour trouver par un simple calcul de tête et retenir sans nouvel effort de mémoire la longueur des lignes horizontales et verticales qui m'ont servi à construire l'octogone. Si je me rappelle comment j'ai divisé la méridienne, je trouve immédiatement, en divisant 240 par 4, qu'il y a :

– 60 lieues de Dunkerque à Paris ;
– 60 lieues de Paris à Saint-Amand ;
– 60 lieues de Saint-Arnaud à Decazeville ;
– 60 lieues de Decazeville au mont Canigou.

2° Si je me rappelle qu'il y a de Paris à l'île d'Ouessant 2 fois ¼ plus de distance que de Dunkerque à Paris, je trouve immédiatement qu'il y a : 133 lieues de Paris à l'île d'Ouessant (60 + 60 + 13). Si je me rappelle qu'il y a de Paris au mont Donon moitié plus de distance que de Dunkerque à Paris, je trouve immédiatement qu'il y a : 90 lieues de Paris an mont Donon (60 + 30), et par conséquent que la France mesure environ 223 lieues de l'Ouest à l'Est, de l'île d'Ouessant au mont Donon (133 + 90). Cette distance est la plus longue qu'on puisse mesurer de l'Ouest à l'Est de la France.

3° Si je me rappelle que La Rochelle et l'entrée du Rhône en France sont éloignées de la méridienne d'une distance égale à la moitié de la ligne qui joint Paris à l'île d'Ouessant, je trouve immédiatement qu'il y a : la moitié de 133 lieues (67 lieues ½) de la méridienne à La Rochelle ; autant de la méridienne à l'entrée du Rhône en France, et que par conséquent il y a : 133 lieues de La Rochelle à l'entrée du Rhône en France, comme de Paris à l'île d'Ouessant.

4° Toutes ces longueurs sont faciles à retenir, dès qu'on s'est gravé dans l'esprit la forme générale de la France ; elles suffisent pour estimer, sans beaucoup d'exactitude, mais aussi sans erreur énorme, les distances entre deux points quelconques de la carte de France ; l'œil s'habitue rapidement, par l'exercice, à comparer les lignes entre elles : on remarquera par exemple que la distance est la même de l'île d'Ouessant à La Rochelle ; de Paris à La Rochelle ; de Paris à l'entrée du Rhône en France, etc.

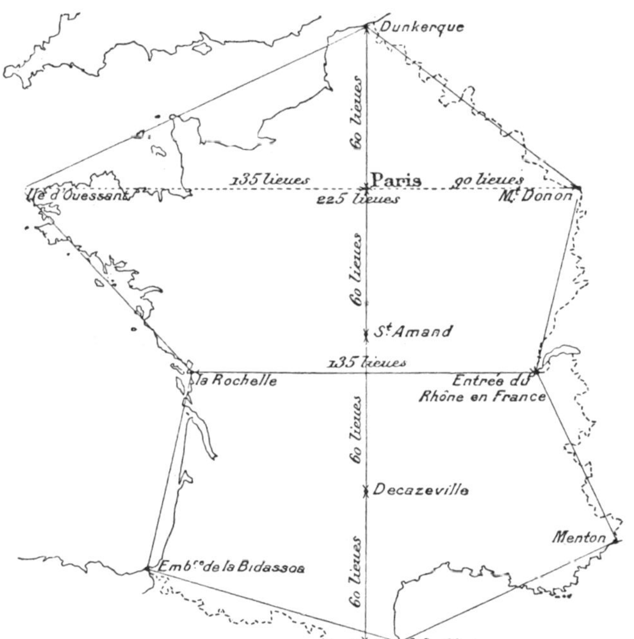

Troisième leçon

PREMIER CÔTÉ

DE DUNKERQUE À L'ÎLE D'OUESSANT

Le premier côté, compris entre Dunkerque et l'Île d'Ouessant, représente la côte de la mer du Nord et de la Manche.

Cette côte, très découpée, peut se diviser eu trois parties.

DE DUNKERQUE AU COTENTIN

1. – **De Dunkerque au cap Gris-Nez**, la côte est tournée vers le Nord-Ouest. C'est la côte de la mer du Nord.

On y remarque Dunkerque, Calais et le cap Blanc-Nez. Elle est formée de dunes de sables jusqu'au cap Blanc-Nez.

Dunkerque, qui possède une des meilleures rades de la mer du Nord, est un grand port de commerce, très prospère, le quatrième de France, – un port de grande pêche – et une place forte qui garde l'angle de la côte et de la frontière belge.

Le mot Dunkerque signifie : Église des dunes. La grande pêche est la pêche de la morue et du hareng : elle se fait loin des côtes de France.

Calais, le port le plus rapproché de l'Angleterre, est aussi un port de commerce considérable, et une place forte. C'est près de Calais que sera creusé peut-être le tunnel sous-marin qui reliera l'Angleterre à la France.

Le cap Blanc-Nez est une falaise de craie blanche qui s'élève à 130 mètres au-dessus de la mer.

2. – **Du cap Gris-Nez à la Bresle**, la côte est tournée vers l'Ouest. C'est la côte de Picardie. On y remarque Boulogne, la Canche, l'Authie et la Somme. Elle est formée d'abord de hautes falaises, puis de dunes et de marécages.

Le cap Gris-Nez est une roche qui n'a que 50 mètres de hauteur, mais qui se voit de très loin, parce qu'elle est proéminente ; c'est le point le plus rapproché de l'Angleterre : à 32 kilomètres en face se trouve le port anglais de Douvres, séparé de la France par le détroit de Douvres ou pas de Calais.

Boulogne, à l'embouchure de la **Liane**, est un port de commerce considérable et un port de grande pêche.

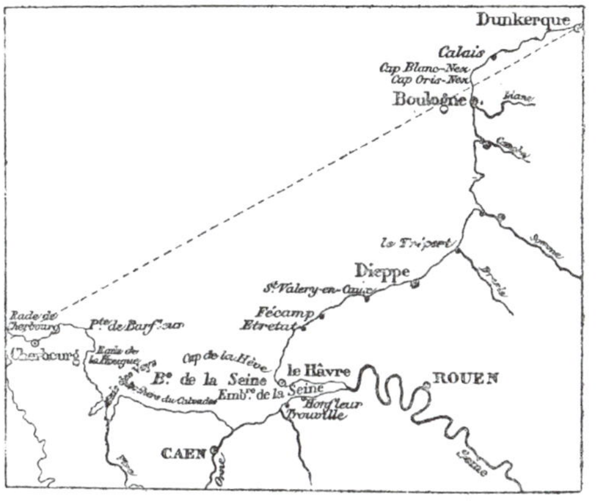

C'est en outre par Boulogne et par Calais que passent la plupart des voyageurs entre la France et l'Angleterre. Boulogne est fortifié.

Le **Canche** et l'**Authie** sont de petits fleuves dont les embouchures forment de petites baies ensablées et peu navigables.

La **Somme**, large de 5 kilomètres à son embouchure, forme une baie sur laquelle se trouve le petit port de Saint-Valery-sur-Somme. Quelques navires remontent jusqu'à Abbeville par un canal.

3. – **De la Bresle à la Seine**, la côte est tournée vers le Nord-Ouest (comme la côte de la mer du Nord). C'est la côte du pays de Caux, qui fait partie de la Normandie.

On y remarque le Tréport, Dieppe, Saint-Valery-en-Caux, Fécamp, Étretat, le cap de la Hève et Le Havre. Elle est formée de hautes falaises crayeuses, qui ne sont interrompues que par les échancrures des vallées et des ravins.

Le Tréport est un petit port de pêche et de commerce, situé sur la Bresle, petite rivière qui sépare la Picardie de la Normandie.

Dieppe, qui a été un des plus grands poids de commerce de France à la fin du Moyen Âge, a encore l'avantage d'être le port le plus rapproché de Paris. Dieppe est en même temps un port de grande pêche et une des stations de bains les plus fréquentées.

Saint-Valery-en-Caux, qu'il ne faut pas confondre avec Saint-Valery-sur-Somme, n'est qu'un petit port de pêche.

Fécamp est un petit port de commerce, et le premier de nos ports pour la grande pêche. On peut remarquer que ces quatre points, le Tréport, Dieppe, Saint-Valery-en-Caux et Fécamp, sont à peu près à la même distance les uns des autres (7 lieues environ).

Étretat est une station de bains très fréquentée. On y remarque des falaises découpées par la mer, qui sont une des curiosités de nos côtes. C'est un peu après Étretat (au cap d'Antifer) que la côte se courbe vers le Sud.

Le cap de la Hève, qui sépare la mer de l'estuaire de la Seine, est une falaise de 105 mètres de hauteur, surmontée de deux phares qui portent à quatorze lieues de distance.

Le Havre, situé un peu au sud-est du cap de la Hève, à l'entrée de la baie de la Seine, est le deuxième port de France ; il fait environ pour un milliard d'affaires par an. (Marseille en fait pour deux milliards.) C'est par Le Havre que se fait la plus grande partie de nos échanges avec les États-Unis ; c'est aussi par Le Havre que passent la plupart des voyageurs entre la France et l'Amérique du Nord : les transatlantiques vont du Havre à New-York en dix ou douze jours (la distance est de 1 400 lieues). Le Havre est fortifié.

La Seine se jette dans la mer par un large estuaire, qui a près de deux lieues de largeur. L'embouchure proprement dite de la Seine est à 8 lieues à l'est du Havre, à la pointe de Quillebeuf, qui sépare le fleuve de l'estuaire. Beaucoup de navires, tirant jusqu'à 5 mètres, 50 d'eau, remontent jusqu'à **Rouen**, qui est redevenu un de nos premiers ports.

4. – De la Seine au Cotentin, la côte est tournée vers le Nord et peut encore être représentée par une ligne droite.

C'est la côte du Calvados (le Calvados est un département formé de la Normandie).

Vue du Havre.

On y remarque Honfleur, Trouville, l'Orne, les rochers du Calvados et la baie des Veys. Elle est formée d'abord de dunes et de collines précédées de rochers, puis de falaises de hauteur moyenne.

Honfleur, situé sur l'estuaire de la Seine, en face du Havre, est un port de commerce assez considérable ; on y a fait récemment de grands travaux pour le défendre contre la vase.

Trouville, à l'embouchure de la Touques, est un port de pêche et une station de bains très fréquentée.

L'Orne est un fleuve longé par un canal par lequel les navires de tonnage moyen remontent jusqu'à Caen, à 14 kilomètres de la côte.

Les rochers du Calvados, plateau sous-marin qui découvre en partie aux basses mers d'équinoxe, s'étendent sur une longueur de 15 kilomètres.

La baie des Veys, où se jette la Vire, sépare le Calvados du Cotentin ; elle découvre à marée basse. (Le mot *Veys* signifie *gués*.)

Quatrième leçon

PREMIER CÔTÉ

DE DUNKERQUE À L'ÎLE D'OUESSANT (*suite*)

PRESQU'ÎLE DU COTENTIN

1° De la *baie des Veys* à la *pointe de Barfleur*, la côte est tournée vers l'Est. C'est la côte est du Cotentin (le Cotentin est une partie de la Normandie qui a formé le département de la Manche). Elle est formée de dunes solides.

On n'y remarque qu'un point important, la *rade de la Hougue*, qui peut recevoir les plus gros navires : on a longtemps hésité entre elle et Cherbourg pour y créer un grand port de guerre. Elle est célèbre dans l'histoire par la défaite de l'amiral français Tourville, qui, faute de refuge, fut forcé d'y abandonner à l'ennemi douze de ses vaisseaux (1692).

2° De la *pointe de Barfleur* au *cap de la Hague*, la côte est tournée vers le Nord. C'est la côte nord du Cotentin, terminée par deux pointes, entre lesquelles est Cherbourg. Elle est assez escarpée.

La pointe de Barfleur est l'angle nord-est de la presqu'île : son phare croise ses feux avec ceux de la Hève, éloignés de 22 lieues.

Cherbourg est un de nos trois grands ports de guerre ; ce n'est pas un port naturel : on a creusé les bassins dans le granit, et pour abriter la rade contre les flots du large, on a jeté dans la mer, à 3 kilomètres de la côte, une digue énorme, qui a près d'une lieue de longueur et 25 mètres de hauteur, dont 15 sous l'eau. Cherbourg a des fortifications, mais qui ne seront complètes qu'après de grands travaux. Il a en même temps un port de commerce assez considérable.

Le cap de la Hague, qu'il ne faut pas confondre avec la rade de la Hougue, est l'angle nord-ouest de la presqu'île ; les abords en sont dangereux.

3° Du *cap de la Hague* à la *baie du Mont-Saint-Michel*, la côte est tournée vers l'Ouest. C'est la côte ouest du Cotentin ; elle est trois fois plus longue que la côte est. On y remarque *le raz Blanchard*, le *Nez-de-Jobourg*, le *passage de la Déroute* et *Granville*. Elle est escarpée dans la partie nord, et à Granville ; le reste est formé de dunes basses.

Le raz Blanchard est un courant très rapide, qui sépare le Cotentin de l'île anglaise d'Aurigny.

Le Nez-de-Jobourg, tout près du cap de la Hague, est une grande falaise granitique de plus de 100 mètres de haut, presque toujours battue par une mer furieuse.

Le passage de la Déroute sépare le Cotentin des îles anglaises de Guernesey et de Jersey ; il est très dangereux.

Granville, le seul abri que trouvent les grands navires de Cherbourg à Saint-Malo, est un port de grande pêche et un port de commerce.

La baie du Mont-Saint-Michel est à marée basse une vaste grève découverte, et à marée haute une grande baie accessible aux navires ; l'écart entre la marée basse et la marée haute y atteint jusqu'à 15 mètres, deux ou trois fois plus que sur les autres points de la côte ; aussi le flot de marée, qui a 15 kilomètres à parcourir en peu d'heures, est-il si rapide qu'il renverse et noie ceux qu'il surprend. À marée basse, les grèves présentent un autre danger : sur certains points les sables sont mouvants, et l'imprudent qui s'y aventure s'y enfonce lentement et y disparaît pour toujours. Au milieu de la baie se dresse le Mont-Saint-Michel, énorme rocher surmonté d'un grand château du Moyen Âge : c'est une des plus belles choses qu'on puisse voir. Au fond de la baie se jette un petit fleuve, qui sépare la Normandie de la Bretagne.

Vue du Mont-Saint-Michel.

DU COTENTIN À L'ÎLE D'OUESSANT

Du Cotentin à l'extrémité de la Bretagne, la côte est dans son ensemble tournée vers le Nord, mais elle est très découpée, parce qu'elle est formée de roches granitiques qui sont pour ainsi dire sculptées par la mer ; elle est en outre bordée de rochers et d'îles qui rendent la navigation extrêmement dangereuse.

1° De la *baie du Mont-Saint-Michel* au *cap Fréhel*, on remarque un grand nombre de saillies et d'anfractuosités dont les principales sont : le **grouin de Cancale**, au large duquel on pêche des huîtres renommées et l'**estuaire de la Rance**, sur lequel se trouve **Saint-Malo**, port de commerce assez considérable et en même temps port de grande pêche. Saint-Malo est fortifié du côté de la mer. Il a pour faubourg Saint-Servan. On donne le nom de golfe de Saint-Malo à tout l'angle compris entre cette partie de la Bretagne, le Cotentin et Jersey.

2° Du *cap Fréhel* aux *épées de Tréguier* s'étend la *baie de Saint-Brieuc* : on y remarque le Légué, Paimpol et l'île Bréliat.

Le cap Fréhel, extrémité est de la baie, est haut de 50 mètres seulement, mais très proéminent et surmonté d'un phare.

Le Légué est un petit port de commerce et de pêche, situé à 2 kilomètres de Saint-Brieuc.

Paimpol n'est qu'un port de pêche, mais il est précieux comme mouillage de relâche*.

L'île Bréhat est renommée pour la douceur de son climat, qu'elle doit à des courants chauds.

Les épées de Tréguier, extrémité ouest de la baie de Saint-Brieuc, sont un promontoire pointu formé de rochers très dangereux.

3° Des *épées de Tréguier* à l'*île de Batz* on remarque les Sept-Îles et Morlaix.

Les Sept-Îles sont un archipel de sept îlots déserts.

Morlaix, au fond d'un long estuaire, est un port de pêche, le plus considérable de la région.

L'île de Batz est située en face de Roscoff et en est séparée par un excellent mouillage.

4° De *l'île de Batz* à *l'extrémité de la Bretagne*, la côte est très découpée encore, mais on n'y remarque aucun point important. Au large de l'extrémité de la Bretagne, se trouve **l'île d'Ouessant**, qui est habitée. Son phare signale de loin aux navires la terre de France.

* Une relâche est le séjour momentané que fait un navire dans un port ou dans une rade, par exemple pour fuir l'ennemi ou la tempête, pour s'approvisionner, etc.

Cinquième leçon

DEUXIÈME CÔTÉ

DE L'ÎLE D'OUESSANT À LA ROCHELLE

Le deuxième côté, compris entre l'île d'Ouessant et La Rochelle, représente la côte de l'océan Atlantique proprement dit. Cette côte, encore très découpée, peut se diviser en trois parties.

1. – De L'île d'Ouessant à la pointe de Penmarch ou côté ouest de la Bretagne.

De l'île d'Ouessant à la pointe de Penmarch, la côte est tournée vers l'ouest ; mais elle est, dans son ensemble, extrêmement découpée. Elle se divise en trois parties égales : la première formée d'une presqu'île massive, la deuxième de deux baies séparées par une presqu'île étroite, la troisième de deux pointes séparées par une baie peu échancrée.

1° De la *côte nord de la Bretagne* au *Goulet* on remarque la *pointe Saint-Mathieu*, exposée à la fureur des flots et environnée d'écueils dangereux.

Rade de Brest.

2° Du *Goulet* à la *pointe du Raz*, la mer s'enfonce profondément dans les terres pour former la *rade de Brest* et la *baie de Douarnenez*, que sépare la *presqu'île de Crozon*.

La rade de Brest, qui pourrait abriter 400 grands vaisseaux, c'est-à-dire toutes les flottes du monde, ne communique avec la mer que par un passage de 2 kilomètres à peine de largeur, qu'on appelle le Goulet, à cause de sa ressemblance avec le goulot d'une bouteille.

Brest, situé au nord de la rade, sur un estuaire, est notre second port de guerre. De grands travaux sont entrepris pour en faire aussi un port de commerce, et Brest pourrait devenir pour les voyageurs la voie rapide entre Paris et l'Amérique, parce que les trains vont plus vite que les navires ; mais les marchandises continueront de passer par les ports les plus voisins de Paris, comme Le Havre, parce que le transport par chemin de fer est plus cher que le transport par mer. Brest est une grande place forte, et l'entrée de sa rade est bien défendue (excepté contre les torpilleurs).

La presqu'île de Crozon s'avance en forme de croix entre la rade de Brest et la baie de Douarnenez.

La baie de Douarnenez est plus vaste encore que la rade de Brest, mais moins bien fermée, et sans abri pour les navires.

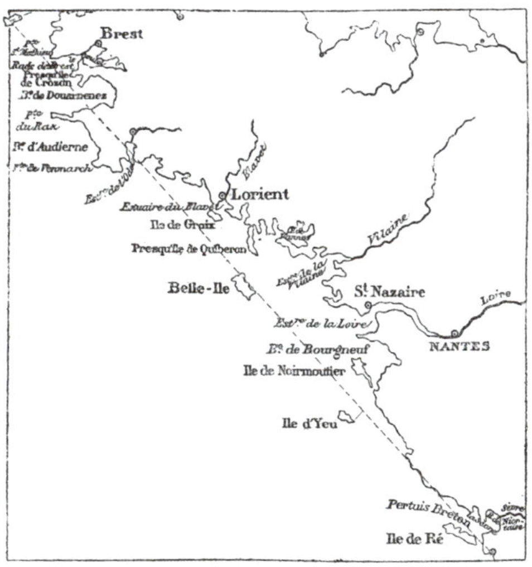

3° De *la pointe du Raz* à la *pointe de Penmarch*, la mer forme une baie beaucoup moins échancrée, la *baie d'Audierne*.

La pointe du Raz est sans cesse battue par la mer furieuse. Au large se trouve l'île de Sein, que détruisent les vagues.

La baie d'Audierne est vaste, mais inhospitalière.

La pointe de Penmarch est environnée d'écueils redoutables.

2. – De la pointe de Penmarch à la baie de Bourgneuf ou côte sud de la Bretagne.

De la pointe de Penmarch à la baie de Bourgneuf, la côte est, dans son ensemble, tournée vers le sud-ouest, mais elle est très découpée.

1° De la *pointe de Penmarch* à la *presqu'île de Quiberon*, la côte est relativement peu découpée. On y remarque :

l'estuaire de l'Odet, qui est navigable jusqu'à Quimper.

L'estuaire du Blavet, qui forme la rade de **Lorient**, un de nos cinq ports de guerre, fortifié du côté de la mer. Au large de l'estuaire du Blavet se trouve l'île de Groix, habitée par des pêcheurs, comme la plupart des îles.

La presqu'île de Quiberon, beaucoup plus longue que large, s'avance dans la mer comme un doigt. Elle est célèbre par un grand désastre des royalistes pendant la Révolution. Au large de la presqu'île de Quiberon se trouve l'île de Belle-Île, battue par la mer furieuse.

2° De la *presqu'île de Quiberon* à la *baie de Bourgneuf*, la côte est extrêmement découpée, mais on peut remarquer qu'elle forme quatre anfractuosités à peu près égales.

Le **Morbihan** (mot breton formé de *mor*, mer, et *bihan*, petit) est une petite mer intérieure, aux côtes extrêmement découpées : au fond d'une de ces échancrures se trouve le petit port de **Vannes**.

La baie de la Vilaine est très vaste, mais sans profondeur et par conséquent sans navigation.

La baie de la Loire, très évasée, a 7 lieues de largeur entre la pointe du Croisic, au Nord, et la pointe Saint-Gildas, au Sud. À 7 lieues à l'est de la pointe du Croisic, il n'y a plus qu'une lieue de large : là se trouve **Saint-Nazaire**, qui est déjà un de nos grands ports de commerce ; il reçoit les plus gros vaisseaux ; port nouveau, il a surtout des navires à vapeur. Les navires qui ne tirent pas à plus de 3 mètres d'eau remontent jusqu'à **Nantes**, port de commerce encore considérable, mais déchu de son ancien rang.

La baie de Bourgneuf est séparée du large par l'île de Noirmoutier, dont l'extrémité sud-est est très rapprochée de la côte.

3. – De la baie de Bourgneuf à La Rochelle ou côte du Poitou.

La côte du Poitou peut être représentée par une ligne droite. Elle est basse, bordée d'anciens marécages et d'anciens marais salants qu'on a transformés en pâturages. On y remarque les *Sables-d'Olonne* et l'*embouchure de la Sèvre Niortaise*.

Les Sables-d'Olonne sont un port de pêche et une station de bains.

L'embouchure de la Sèvre Niortaise, au fond d'une baie assez vaste, mais sans profondeur, et par conséquent sans navigation. Cette baie est le reste d'un ancien golfe beaucoup plus grand d'où la mer s'est retirée.

Au large de la côte du Poitou se trouvent : au Nord, l'**île d'Yeu** ; au Sud, l'**île de Ré**, séparée de la côte par le pertuis Breton, large et profond. Le mot *pertuis* veut dire détroit resserré.

Sixième leçon

TROISIÈME CÔTÉ

DE LA ROCHELLE À LA BIDASSOA

Le troisième côté, compris entre La Rochelle et l'embouchure de la Bidassoa, représente la côte du golfe de Gascogne. Cette côte est peu découpée. Elle est tournée vers l'Ouest.

1. – **De La Rochelle à la Gironde**, c'est la côte d'Aunis et de Saintonge. Elle est basse comme celle du Poitou, mais plus découpée.

La Rochelle, port situé au fond d'une petite anse, se relève depuis quelques années de la ruine où elle était tombée. C'est l'ancienne capitale de l'Aunis.

La Charente, large de 200 à 300 mètres dans la dernière partie de son cours, forme, à 10 kilomètres dans l'intérieur des terres, le port de **Rochefort**. Rochefort est le moins important de nos cinq ports de guerre, parce que le fleuve est trop peu profond pour les gros vaisseaux cuirassés ; les fortifications de La Rochelle sont devenues aussi insuffisantes.

Au large de la Charente se trouve la grande **île d'Oléron**, séparée de l'île de Ré au Nord par le pertuis d'Antioche, et du continent par le pertuis de Maumusson.

Entre le nord de l'île d'Oléron et le continent se trouve la petite **île d'Aix**, bien fortifiée ; la rade de l'île d'Aix, à l'ouest de l'île, est un excellent mouillage.

La **Gironde** se jette dans la mer par un large estuaire, entre la pointe de la Coubre au Nord et la pointe de Grave au Sud ; entre les deux pointes, plus près de la pointe de Grave, se trouve le banc de Cordouan, rocher surmonté d'un phare. L'estuaire de la Gironde est long de 20 lieues et large de 3 à 10 kilomètres. Sur la rive droite se trouvent le petit port de **Blaye** et la station de bains de mer de **Royan**. Sur la rive gauche se trouve **Pauillac**, où les plus gros navires s'allègent d'une partie de leur chargement pour remonter jusqu'à **Bordeaux**. Bordeaux, situé plus au Sud sur la Garonne, à 25 lieues de la mer, est le troisième port de France.

2. – **De la Gironde à l'Adour**, la côte est absolument droite, sur une longueur de 60 lieues. C'est la *côte de Guyenne* et de *Gascogne*.

Elle est formée de dunes hautes et larges : aussi les eaux de l'intérieur, arrêtées par ce bourrelet de sable, se sont-elles amassées en une longue ligne d'étangs parallèle à la côte. Mais elles ont eu sur un point la force de percer les dunes et de maintenir leur communication avec la mer : c'est pourquoi la ligne des étangs d'eau douce est interrompue par un bassin d'eau de mer, le bassin d'Arcachon.

Le bassin d'Arcachon, le seul abri de cette côte, est une grande rade qui communique avec la mer par un passage étroit. Arcachon est une station de bains de mer très fréquentée.

Le mouillage du **cap Breton** est précieux sur cette côte dangereuse et inhospitalière : on pourrait y établir un port. La côte ne présente pas d'autre point important de la pointe de Grave à l'Adour.

3. – **De l'Adour à la Bidassoa**, la côte n'a que 8 lieues de longueur. Elle est d'abord basse et sablonneuse, puis haute et rocheuse dans le voisinage des Pyrénées.

L'Adour forme, à 6 kilomètres dans l'intérieur des terres, Bayonne, port de commerce, qui serait plus considérable si l'entrée de l'Adour était moins difficile et moins dangereuse ; **Bayonne** est une grande place forte. **Biarritz** est une célèbre station de bains de mer.

Le mouillage de **Saint-Jean-de-Luz**, amélioré au moyen d'une jetée, pourra abriter les plus gros navires.

La **Bidassoa** forme une petite partie de la frontière espagnole.

LÉGENDE
PRÉFECTURE
Sous-Préfecture
Autre ville
Place forte et fort
Col et sommet
Canaux
Limite d'État
de Département
Échelle
OCÉAN
ATLANTIQUE
Golfe
de Gascogne
VENDÉE
DEUX-SÈVRES
VIENNE
INDRE
CREUSE
CHARENTE INFRE
CHARENTE
Hte VIENNE
CORRÈZE
DORDOGNE
GIRONDE
LOT
LOT-ET-GARONNE
LANDES
TARN-ET-GARONNE
TARN
GERS
Hte GARONNE
Bses PYRÉNÉES
Htes PYRÉNÉES
ARIÈGE
ANDORRE
PROVINCES BASQUES
ALAVA
NAVARRE
VIEILLE CASTILLE
ARAGON
CATALOGNE
ESPAGNE
PYRÉNÉES
POITIERS
NIORT
LA ROCHELLE
Rochefort
Saintes
ANGOULÊME
LIMOGES
PÉRIGUEUX
BORDEAUX
AGEN
MONTAUBAN
TOULOUSE
MONT DE MARSAN
AUCH
PAU
TARBES
FOIX
CAHORS
TULLE
Bayonne
SANTANDER
BILBAO
St SÉBASTIEN
TOLOSA
VITORIA
PAMPELUNE
LOGROÑO
BURGOS
SORIA
SARAGOSSE
HUESCA
LERIDA

Septième leçon

QUATRIÈME CÔTÉ

DE LA BIDASSOA AU CAP CERBÈRE

Le quatrième côté, compris entre l'*embouchure de la Bidassoa* et le *cap Cerbère*, représente la *frontière espagnole*.

Cette frontière est formée par les Pyrénées.

Les **Pyrénées** sont une grande chaîne de montagnes, presque droite, longue de plus de 100 lieues, et large de 20 à 30 lieues ; les sommets dépassent 3 000 mètres, la chaîne est plus haute au centre qu'aux extrémités et plus large à l'Est qu'à l'Ouest. Le versant nord appartient en général à la France, et le versant sud à l'Espagne ; en quelques endroits la France empiète sur le versant sud, principalement à la source de la Sègre, affluent de l'Ebre ; mais l'Espagne empiète plus souvent sur le versant nord, par exemple dans la haute vallée de la Garonne.

1. – Les Pyrénées peuvent se diviser en quatre parties :

1° **Les Pyrénées Occidentales** sont comprises entre la Rhune, montagne voisine de l'embouchure de la Bidassoa, et le cirque de Gavarnie. Elles grandissent constamment de l'Ouest à l'Est en hauteur et en largeur. La partie ouest porte le nom de Pyrénées Basques. On y remarque la *Rhune*, le *col de Roncevaux*, le *pic du Midi de Pau* et le *Vignemale*.

La Rhune est une montagne qui domine tout le pays, sans avoir plus de 900 mètres.

Le col de Roncevaux n'a que 1 100 mètres de hauteur ; les montagnes qui l'entourent s'élèvent à 2 000 mètres. Au nom de Roncevaux est lié celui de Roland, qui, d'après la légende, y lutta contre toute une armée et y trouva la mort.

Le pic du Midi de Pau, ainsi nommé parce qu'on le voit de Pau, à 12 lieues de là, s'élève à près de 2 900 mètres. On l'appelle aussi le pic du Midi d'Ossau.

Les Eaux-Bonnes, près du pic du Midi de Pau.

Le Vignemale, haut de près de 3 300 mètres, est le plus haut sommet des Pyrénées situées sur le territoire français.

2° **Les Hautes Pyrénées** sont comprises entre le *cirque de Gavarnie* et le *val d'Aran* ; ce sont les plus hautes de toute la chaîne. On y remarque le *mont Perdu*, le *pic du Midi de Bigorre*, le *mont Posets*, la *Maladetta*.

Le cirque de Gavarnie est une immense cavité ronde, située à 1 400 mètres de hauteur, et limitée par des montagnes de plus de 3 100 mètres, qui par conséquent la dominent de 1 700 mètres. Elle reçoit une cascade qui tombe de 400 mètres de hauteur. C'est la partie la plus pittoresque et la plus visitée des Pyrénées.

REMARQUE. — Les Pyrénées renferment plusieurs de ces cavités rondes et encaissées, appelées autrefois des marmites et aujourd'hui des cirques.

Le mont Perdu, vaste massif situé un peu au sud-est du cirque de Gavarnie, sur le territoire espagnol, s'élève à 3 300 mètres.

Le pic du Midi de Bigorre, qui s'avance assez loin au Nord, comme un promontoire, au centre même du département des Hautes-Pyrénées, a la même hauteur que le pic du Midi de Pau. Il porte depuis quelques années un observatoire qui rend de grands services. À ce massif se rattache le plateau de Lannemezan, d'où s'écoulent en éventail plusieurs affluents de la Garonne et de l'Adour.

Le mont Posets, vaste massif situé à l'est du mont Perdu, sur le territoire espagnol, s'élève à près de 3 370 mètres, au milieu de pics nombreux qui dépassent 3 000 mètres.

La **Maladetta** (mot qui signifie la montagne maudite) est le massif le plus élevé des Pyrénées ; elle est située à l'est du mont Posets, sur le territoire espagnol ; son principal sommet, le pic de Néthou, s'élève à 3 404 mètres.

Le val d'Aran est la haute vallée de la Garonne, dont la source est à peu près également éloignée du golfe de Gascogne et de la mer Méditerranée, en d'autres termes, au milieu de la chaîne des Pyrénées. Le val d'Aran est territoire espagnol. La Garonne entre en France par le défilé du Pont-du-Roi.

3° **Les Pyrénées Ariégeoises** sont comprises entre le défilé du *Pont-du-Roi* et le *col de la Perche* ; elles forment un mur continu ; deux sommets seulement dépassent 3 000 mètres, mais aucun col n'en a moins de 2 000. On y remarque le *mont Vallier*, le *Montcalm*, le *col de Puymorens*, le *pic de Carlitte*.

Le mont Vallier n'a pas 3 000 mètres, mais de Toulouse il paraît plus élevé que les autres pics parce qu'il est plus près.

Le Montcalm est situé au milieu des Pyrénées Ariégeoises et dépasse 3 000 mètres.

Le col de Puymorens, où l'Ariège prend sa source, est encore à près de 2 000 mètres de hauteur.

Le pic de Carlitte, qui sépare les hautes vallées de l'Ariège et de l'Aude, s'élève à plus de 2 900 mètres. À ce vaste massif se rattachent les Corbières, masse confuse de montagnes qui s'avancent assez loin au Nord-Est jusque dans le département de l'Aude. Elles ont seulement de 600 à 1 200 mètres de hauteur.

Au nord des Pyrénées Ariégeoises s'étendent dans le même sens qu'elles deux longs plissements dont les sommets dépassent 2 000 mètres. La *grotte du Mas-d'Azil*, la plus fameuse des grottes des Pyrénées, est une sorte de tunnel creusé par les eaux dans l'épaisseur d'une de ces montagnes.

4° **Les Pyrénées Orientales** sont comprises entre le *col de la Perche* et le *cap Cerbère*. Leur direction est la même que celle des Corbières. On y remarque le *Puigmal*, le *mont Canigou* et le *col de Perthus*. La partie orientale, peu élevée, porte le nom de *monts Albères* ; elle a souvent servi de passage aux armées d'invasion et elle est riche en souvenirs historiques.

Le col de la Perche, haut de 1 600 mètres, fait communiquer la vallée française de la Têt et la vallée de la Sègre, dont la partie haute est en France et le reste en Espagne.

Le Puigmal (nom qu'il ne faut pas confondre avec le Vignemale) est un sommet haut de 2 900 mètres, qui domine seulement de 200 à 300 mètres les cols environnants.

Le mont Canigou, qui s'avance légèrement au nord de la frontière, à près de 2 800 mètres.

Le col de Perthus n'est qu'à 290 mètres de hauteur, au milieu de montagnes qui n'atteignent pas 1 000 mètres : il est gardé par le fort de Bellegarde.

Le cap Cerbère marque la limite de la France et de l'Espagne.

REMARQUE. — Certaines géographies appellent les Pyrénées Occidentales et les Hautes Pyrénées, les Pyrénées Atlantiques ; les Pyrénées Ariégeoises et les Pyrénées Orientales, les Pyrénées Méditerranéennes ; souvent aussi les Hautes Pyrénées et les Pyrénées Ariégeoises sont réunies sous le nom de Pyrénées Centrales, mais elles sont séparées nettement par le val d'Aran, et de plus elles ne sont pas sur la même ligne.

2. – Défense de la frontière. La frontière des Pyrénées est la plus forte de nos frontières. Elle ne présente de passages faciles qu'à ses deux extrémités. À l'extrémité occidentale, la côte est suivie par un chemin de fer ; les routes sont faciles en France des deux côtés du massif de Rhune, mais plus difficiles en Espagne. Plus loin,

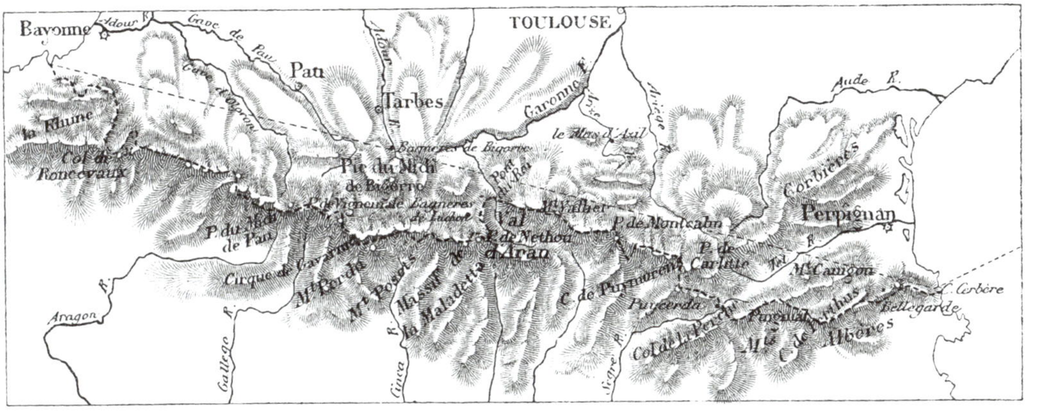

le col de Roncevaux donne passage à une route médiocre. Le défilé du Pont-du-Roi ne conduit que dans le val d'Aran, qui est une impasse. Le col de Puymorens n'est guère praticable qu'aux mulets. Dans les Pyrénées Orientales, le col de la Perche et le col de Perthus donnent passage à de grandes routes, et un autre col, près de la côte, à un chemin de fer.

Les Pyrénées Centrales sont infranchissables pour une armée. Les passages des extrémités sont plus ou moins fortifiés, et si l'ennemi venant d'Espagne parvenait à les forcer, il trouverait encore devant lui : à l'Ouest Bayonne ; à l'Est Perpignan, deux places fortes.

3. – **Cours d'eau**. Les cours d'eau qui prennent leur source dans les Pyrénées sont :

à l'Ouest : la Bidassoa, l'Adour et ses affluents de gauche, tels que le Gave de Pau ;

au centre : la Garonne, ses affluents de gauche, tels que le Gers, et un de ses affluents de droite, l'Ariège.

4. – **Départements**. Les départements qui touchent à l'Espagne sont les Basses-Pyrénées et les Hautes-Pyrénées, la Haute-Garonne, l'Ariège et les Pyrénées-Orientales.

Huitième leçon

CINQUIÈME CÔTÉ

DU CAP CERBÈRE À LA FRONTIÈRE ITALIENNE

Le cinquième côté, compris entre le cap Cerbère et Menton, représente la côte de la mer Méditerranée.

Cette côte se divise en deux parties :

1° La côte concave comprise entre le *cap Cerbère* et le *delta du Rhône*, basse, sablonneuse, peu découpée (à l'exception de la côte du Roussillon), c'est la *côte du golfe du Lion* ;

2° La côte convexe comprise entre le *delta du Rhône* et *Menton*, en général escarpée, rocheuse, très découpée : c'est la *côte de Provence et de Nice*. Les dernières ramifications des Alpes y forment de hauts promontoires entre lesquels s'ouvrent des baies larges et profondes.

1. – Du cap Cerbère au delta du Rhône.

1°Du *cap Cerbère* à l'*étang de Leucate*, la côte est tournée vers l'Est. C'est la *côte du Roussillon*. Elle est escarpée et rocheuse.

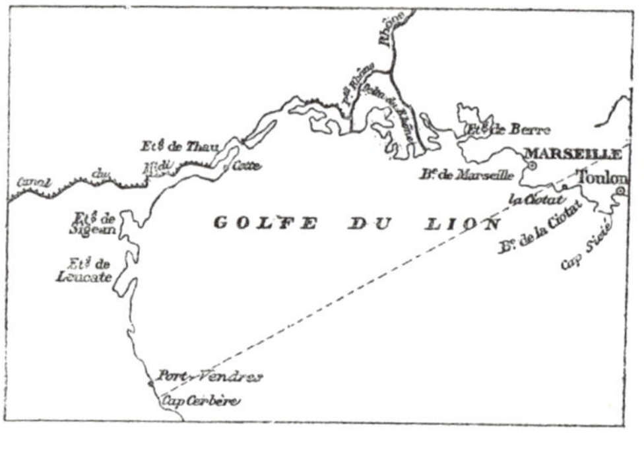

2° De *l'étang de Leucate* au *delta du Rhône*, la côte forme une courbe tournée vers le Sud-Est. C'est la *côte du Languedoc*. Elle est basse, sablonneuse et peu découpée, bordée d'une longue ligne d'étangs comme la côte de Gascogne ; mais la plupart de ces étangs communiquent avec la mer par un passage étroit, encombré de sables, que l'on appelle un grau, du mot latin *gradus*, qui signifie *pas*. Plusieurs de ces étangs sont en partie comblés par les boues qu'apportent les torrents. C'est ainsi que **Narbonne**, après avoir été un port de mer, ne communique plus avec la Méditerranée que par un canal.

Les principaux étangs du Languedoc sont, avec *l'étang de Leucate*, *l'étang de Sigean* et *l'étang de Thau* ; ces trois étangs sont moins des étangs que de petites mers intérieures.

La côte du Languedoc, peu hospitalière, ne possède qu'un port important : **Cette**, situé entre l'étang de Thau et la mer, a été créé au XVIIe siècle par le ministre Colbert, en même temps que le canal du Midi, qui fait communiquer le Rhône avec la Garonne, la Méditerranée avec l'Atlantique. Cette, qui fait un grand commerce de vins, est devenu un des grands ports de la France. Il est défendu par un fort bien situé.

3° Le *delta du Rhône* est la plaine basse et marécageuse comprise entre les deux bras du Rhône, le Petit Rhône à l'Ouest, le Grand-Rhône à l'Est. Le Rhône dépose à son embouchure des terres, des sables et des pierres arrachées à ses rives, et gagne ainsi sur la mer une soixantaine de mètres par an.

2. – Du delta du Rhône à Menton.

1° Du *Grand-Rhône* au *cap Sicié*, la côte est formée de quatre grandes baies séparées par des promontoires. La première de ces baies communique avec l'étang de Berre, petite mer intérieure qui pourrait abriter des centaines de vaisseaux, mais qui ne communique avec la mer que par un détroit sans profondeur.

La seconde de ces baies est la baie de Marseille. **Marseille**, situé sur la côte est de la baie, est le premier port de la France, et le cinquième du monde entier : il y a avant lui trois ports anglais, un port, américain et un port allemand. Marseille est presque deux fois plus important que Le Havre, et fait presque tout le commerce de la France avec les pays baignés par la Méditerranée et avec l'Orient. Marseille est fortifié, mais n'est pas à l'abri d'un bombardement.

La troisième baie est peu remarquable.

La quatrième baie, la **baie de la Ciotat**, présente de bons mouillages bien abrités et un petit port, le port de la Ciotat, où l'on construit de grands navires.

2° Du *cap Sicié* au *cap Bénat*, la côte se compose d'une baie, d'une presqu'île et d'une seconde baie. La première baie renferme deux grandes rades : à l'Ouest, la *rade de Toulon* ; à l'Est, *la rade de Giens*.

La **rade de Toulon** est moins vaste que celle de Brest, mais elle est aussi très bien abritée. Toulon est notre premier port de guerre ; il est fortifié.

La **rade de Giens** est plus vaste que celle de Toulon, mais moins sûre.

La presqu'île est la presqu'île de Giens, ancienne île à peine rattachée au continent par une langue de terre.

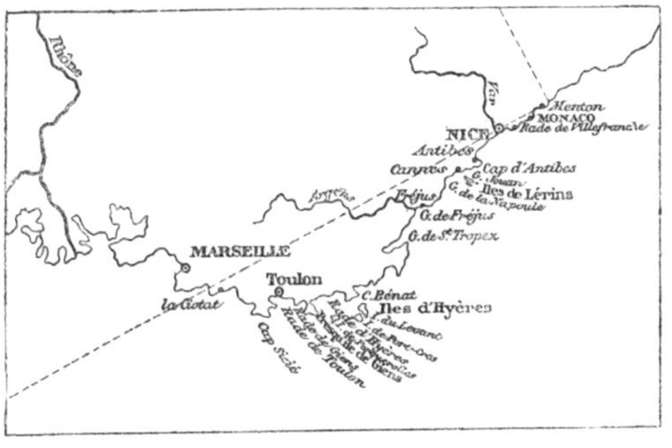

La seconde baie est la **rade d'Hyères**, aussi vaste que celle de Brest, et bien abritée par la côte montagneuse au Nord, par des îles au Sud ; elle sert de champ d'exercice à nos escadres d'évolutions.

Au large de la rade d'Hyères se trouvent les îles d'Hyères, au nombre de trois : Porquerolles, Port-Cros, l'île du Levant ; elles sont à peine habitées.

3° Du *cap Bénat* au *cap d'Antibes*, la côte se compose d'une côte escarpée qui se rattache aux monts des Maures, d'une côte basse et d'une deuxième côte escarpée qui se rattache au massif de l'Esterel.

La première côte escarpée présente de nombreuses échancrures, dont la principale est le **golfe de Saint-Tropez**.

La côte basse forme une large échancrure, le **golfe de Fréjus**, au fond duquel se jette l'Argens ; le port de Fréjus, aujourd'hui comblé par les sables de l'Argens, était un grand port du temps des Romains.

La deuxième côte escarpée se compose, comme la côte comprise entre le cap Sicié et le cap Bénat, d'une baie, d'une presqu'île et d'une deuxième baie : la première baie est le **golfe de la Napoule**, sur lequel est situé **Cannes**, ville très fréquentée l'hiver à cause de son doux climat. La presqu'île est la pointe de la Croisette. La deuxième baie est le **golfe Jouan**, grande rade bien abritée.

Au large de la pointe de la Croisette se trouvent les petites îles de Lérins, au nombre de deux : l'île Sainte-Marguerite et l'île Saint-Honorat.

4° Du *cap d'Antibes* à *Menton*, la côte est un peu moins découpée. On y remarque *Antibes*, le *Var*, *Nice*, la *rade de Villefranche*, *Monaco* et *Menton*.

Antibes est un petit port.

Le **Var** est un petit fleuve qui sépare la Provence de l'ancien comté de Nice, réuni à la France en 1860.

Nice est une ville d'hiver très fréquentée et un port dont l'importance s'accroît rapidement ; **Antibes** et Nice se font pendant des deux côtés du Var, et le nom d'Antibes vient de deux mots grecs qui signifient la ville d'en face.

La **rade de Villefranche** est une grande rade bien abritée.

Monaco, situé sur un rocher isolé, d'un superbe aspect, est une ville d'hiver très fréquentée : elle forme avec sa banlieue une petite principauté enclavée dans le territoire français.

Menton, à deux kilomètres seulement de la frontière italienne, est la plus chaude de nos villes d'hiver.

LA CORSE

Au large de Nice, mais plus près de la côte italienne que de la côte française, se trouve la grande île de la Corse. La forme générale de la Corse est celle d'un ovale allongé du Sud au Nord, avec une presqu'île au Nord, terminée par le cap Corse.

1. – La côte ouest. La côte ouest, fortement convexe, est découpée, escarpée, rocheuse : on y compte cinq grands golfes et de nombreuses échancrures. On y remarque : le *golfe de Saint-Florent*, *Calvi*, *Ajaccio* et *Bonifacio*.

Le **golfe de Saint-Florent**, situé à l'ouest de la presqu'île du Nord, offre d'excellents mouillages.

Calvi est un petit port fortifié.

Ajaccio, situé au fond du golfe du même nom, possède un bon port dont l'importance s'accroît.

Bonifacio est un petit port fortifié. Au large se trouve la grande île italienne de Sardaigne, séparée de la Corse par les bouches de Bonifacio.

2. – La côte est. La côte est, légèrement convexe, est peu découpée, basse, marécageuse et malsaine. On y remarque : le *golfe de Porto-Vecchio* qui renferme des rades magnifiques ; *Bastia*, qui, avec son mauvais port, est encore la ville la plus commerçante de l'île.

3. – Montagnes. Le cap Corse et les nombreux caps de la côte occidentale sont les dernières ramifications d'une chaîne de montagnes qui traverse l'île dans toute sa longueur ; cette chaîne, déjà haute de 1 300 mètres près du cap Corse, dépasse 2 700 mètres au Monte-Cinto.

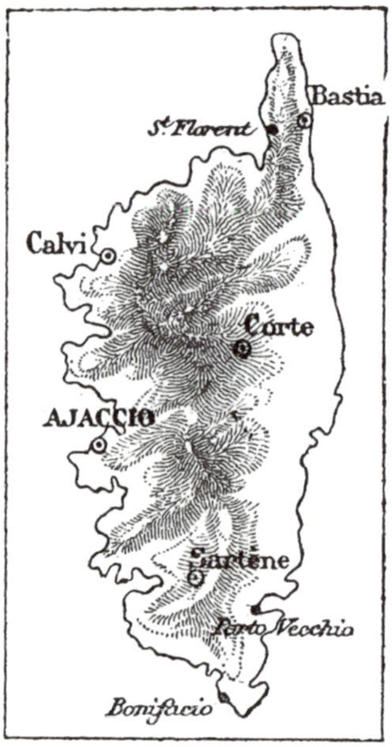

Neuvième leçon

SIXIÈME CÔTÉ

DE LA FRONTIÈRE ITALIENNE À L'ENTRÉE DU RHÔNE EN FRANCE

Le sixième côté, compris entre la frontière italienne près de Menton et l'entrée du Rhône en France, représente la frontière italienne et la première partie de la frontière suisse.

La frontière italienne est formée par les **Alpes**, un des plus grands massifs de montagnes du monde. Elles sont longues de 80 lieues, et larges d'au moins 30 lieues ; plusieurs de leurs sommets dépassent 4 000 mètres.

Leur crête est plus élevée en général que celles des Pyrénées, mais leurs cols sont moins hauts et par conséquent plus praticables que ceux des Pyrénées centrales.

Les Alpes sont plus difficiles à franchir pour les Italiens que pour les Français :

1° parce que le versant est est plus abrupt que le versant ouest, et par conséquent plus difficile à gravir, surtout en face d'une armée ;

2° parce que le versant ouest est divisé par de grands contreforts qui seraient pour nous une seconde ligne de défense, tandis que le versant est s'abaisse sur une grande plaine, où nos armées ne rencontreraient aucun obstacle naturel.

Les Alpes se composent :

1° d'une chaîne principale, qui forme la frontière entre la France et l'Italie ;

2° de chaînes secondaires, qui s'étendent presque jusqu'au Rhône.

CHAÎNE PRINCIPALE

La chaîne principale donne au massif sa direction générale, mais elle n'en occupe pas le milieu ; elle est plus rapprochée de la plaine italienne que de la plaine française.

La frontière entre la France et l'Italie suit à peu près la crête ; en d'autres termes, le versant est, qui est le plus abrupt, appartient à l'Italie ; le versant ouest, divisé par des contreforts, appartient à la France.

La chaîne principale des Alpes peut se diviser en quatre parties, *les Alpes Maritimes*, les *Alpes Cottiennes*, les *Alpes Grées* et le *mont Blanc*.

1° ALPES MARITIMES. — Les Alpes Maritimes sont comprises entre le *col de Cadibone*, situé en Italie, et le *mont Viso*. Elles n'ont pas de sommets aussi élevés que les Pyrénées, et elles n'ont que 2 500 mètres en moyenne, mais elles semblent plus élevées, à cause de leur voisinage de la mer. Elles sont nues et arides.

On y remarque deux cols importants : le *col de Tende* et le *col de l'Argentière*.

Le **col de Tende**, où passe la route de Nice à Turin, est un long défilé très encaissé, où le jour pénètre à peine ; il est à près de 1 900 mètres de hauteur.

Le **col de l'Argentière**, où passe une route de France en Italie, est à près de 2 000 mètres de hauteur. Il fait communiquer la vallée d'un affluent de la Durance avec celle d'un affluent du Pô.

2° ALPES COTTIENNES. — Les Alpes Cottiennes sont ainsi nommées d'un petit roi Cottus, qui a régné sur le pays du temps des Romains. Elles sont comprises entre le *mont Viso* et le *mont Cenis*, et forment une ligne concave.

Le **mont Viso**, qui a passé longtemps pour le plus haut sommet des Alpes, s'élève à 3 850 mètres.

Le **col du mont Genèvre**, où passe une grande route de France en Italie, est à 1 850 mètres de hauteur : c'est le col le plus praticable des Alpes.

Il n'y a pas de sommet appelé le mont Genèvre : le mot mont a ici le sens que lui donnent les gens du pays, celui de montée aboutissant à un col.

Le **mont Thabor** n'a que 3 200 mètres, mais il est très important à cause des contreforts qui s'en détachent.

Le **tunnel du pic de Fréjus**, où passe le chemin de fer de France en Italie, a une longueur de plus de 12 kilomètres, et se trouve à 1 300 mètres de hauteur. Le percement en a coûté 80 millions. On l'appelle vulgairement le tunnel du mont Cenis, mais le mont Cenis en est éloigné de 6 lieues.

Tunnel du pic de Fréjus.

3° Alpes Grées. — Les Alpes Grées sont ainsi nommées d'un vieux mot celtique qui veut dire rocher. Elles ont plus de 3 000 mètres en moyenne, et leurs cols sont à plus de 2 100 mètres de hauteur. Elles renferment de grands glaciers.

Le **col du mont Cenis**, où passe une grande route de France en Italie, est à 2 100 mètres de hauteur ; il fait communiquer la vallée de l'Arc avec celle d'un affluent du Pô.

Le mont Cenis, énorme massif couvert de glaces éternelles, s'élève à plus de 3 600 mètres.

Le **col du Petit-Saint-Bernard**, où passe une route de France en Italie, est à près de 2 200 mètres de hauteur : un hospice y est construit sur le territoire italien. Il fait communiquer la vallée de l'Isère avec celle d'un affluent du Pô.

4° Mont Blanc. — Le massif du mont Blanc, ainsi nommé des glaces et des neiges qui le couvrent, est un énorme massif de 6 lieues de long sur 3 de large, séparé des montagnes voisines par des vallées ou par des cols. La direction de ce massif est la direction nord-est.

Le sommet du Nord, le mont Dolent, a plus de 3 800 mètres : il est au point de rencontre des frontières française, italienne et suisse.

Le sommet du Sud, qui est le sommet proprement dit du mont Blanc, s'élève à 4 810 mètres au-dessus du niveau de la mer, à 3 800 mètres au-dessus de la vallée de Chamonix (qui est à 1 000 mètres), à plusieurs centaines de mètres au-dessus des plus hauts sommets environnants, tels que le dôme du Goûter et le mont Maudit, enfin à un millier de mètres au moins au-dessus des sommets des Alpes Grées.

C'est le sommet le plus élevé des Alpes et de l'Europe entière, si l'on ne compte pas le Caucase comme faisant partie de l'Europe.

Il renferme de vastes glaciers, dont le principal est la Mer-de-Glace. On aperçoit le mont Blanc à plus de 30 lieues de distance.

Défense de la frontière. La frontière des Alpes est presque aussi forte que celle des Pyrénées. La chaîne des Alpes présente de nombreux passages, si l'on compte les sentiers ; mais les routes, qui sont seules praticables aux armées, sont au nombre de cinq seulement :

la route du Col-de-Tende ;
la route du Col-de-l'Argentière ;
la route du Mont-Genèvre ;
la route du Mont-Cenis ;
la route du Petit-Saint-Bernard.

La chaîne principale n'est traversée que par un chemin de fer, qui passe non par un col, mais par un tunnel de 12 kilomètres, le tunnel du pic de Fréjus. Dans une guerre défensive, il nous suffirait de faire sauter le tunnel pour fermer le chemin de fer à l'ennemi ; dans une guerre offensive, il s'agirait de nous en assurer immédiatement pour empêcher l'ennemi de nous le fermer.

Cours d'eau. Les cours d'eau qui prennent leur source dans la chaîne principale des Alpes sont : le *Rhône*, et les principaux de ses affluents de gauche, tels que l'Arve, l'Isère, la Durance, ainsi que leurs propres affluents, tels que l'Arc, le Verdon. De petits fleuves, tels que le Var.

Départements. Les départements qui touchent à l'Italie sont les Alpes-Maritimes, les Basses-Alpes, les Hautes- Alpes, la Savoie et la Haute-Savoie.

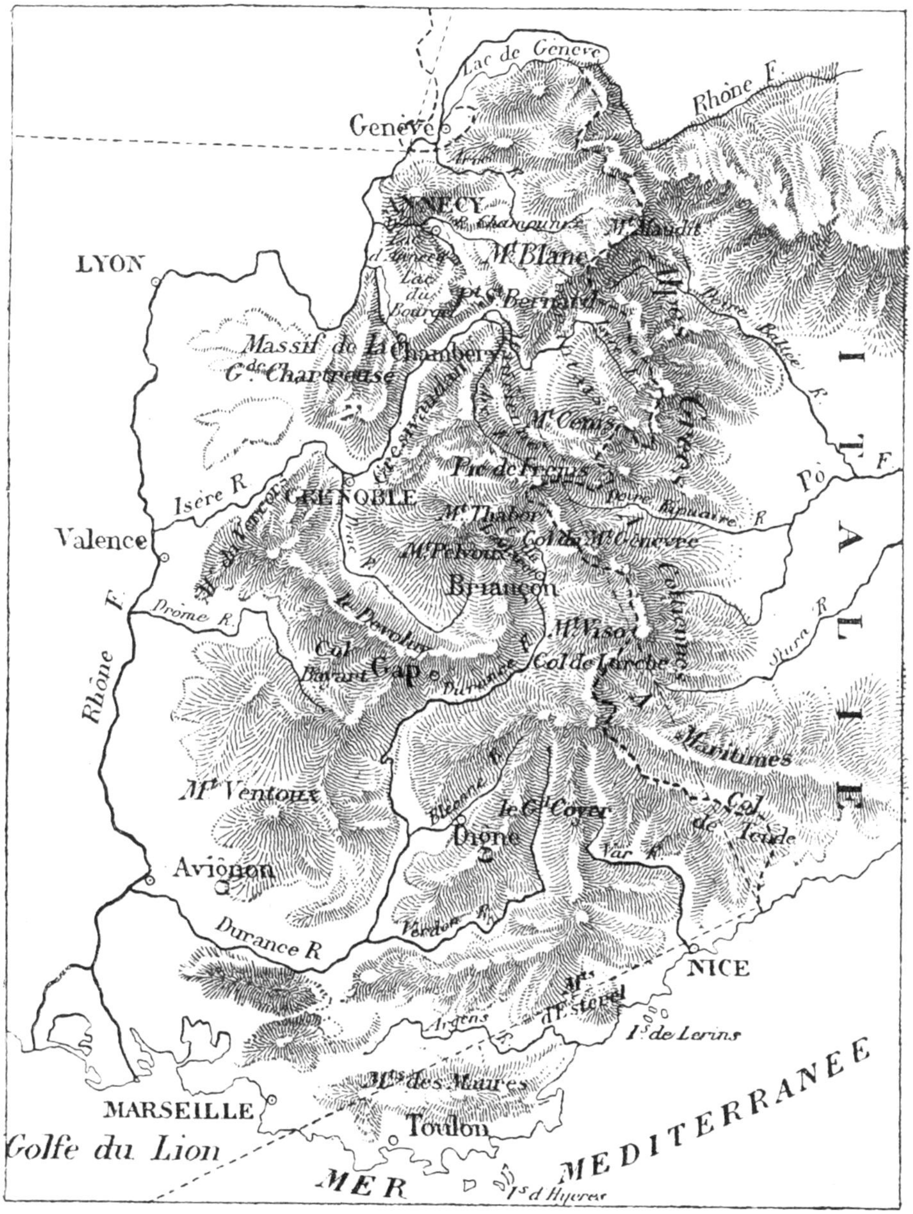

Dixième leçon

SIXIÈME CÔTÉ

DE LA FRONTIÈRE ITALIENNE À L'ENTRÉE DU RHÔNE EN FRANCE (*suite*)

CHAÎNES SECONDAIRES DES ALPES

Les chaînes secondaires des Alpes sont au nombre de 3 :

les Alpes de Provence ;
les Alpes du Dauphiné ;
les Alpes de Savoie.

1° ALPES DE PROVENCE. — Les Alpes de Provence sont une chaîne de montagnes qui se rattache à la grande chaîne un peu au sud du col de l'Argentière, s'étend entre le bassin de la Durance et la mer, et s'avance jusque dans le département des Bouches-du-Rhône, près d'Aix.

Cette chaîne est haute et large à l'Est, où elle se confond avec la grande chaîne ; elle s'abaisse et se rétrécit vers l'Ouest.

On peut y rattacher plusieurs petits massifs isolés situés au bord de la mer, les uns couverts de vastes forêts, les autres âpres et dénudés, mais tous déserts et pittoresques : l'**Esterel**, dont le sommet dépasse à peine 600 mètres ; les **monts des Maures**, qui s'élèvent à près de 800 mètres, et dont un promontoire forme le **cap Bénat**, en face des îles d'Hyères ; un massif plus élevé encore, qui domine Toulon, et dont un promontoire forme le **cap Sicié**.

2° ALPES DU DAUPHINÉ. — Les Alpes du Dauphiné sont un ensemble de massifs situés à l'ouest des Alpes Cottiennes, entre le bassin de la Durance et le bassin de l'Isère ; elles forment un demi-cercle ouvert au Nord, et où coule le Drac, affluent de l'Isère.

Le **massif du Pelvoux** est un énorme massif de rochers et de glaces, plus gros que celui du mont Blanc ; son principal sommet, la barre des Écrins, dépasse 4 100 mètres ; beaucoup d'autres dépassent 3 000 et approchent de 4 000. Le massif du Pelvoux n'est séparé du massif du mont Thabor, c'est-à-dire de la chaîne principale, que par le **col de Lautaret**, haut de plus de 2 000 mètres, qui sert de passage à la route de Paris au mont Genèvre par Grenoble, et qui fait communiquer le bassin de l'Isère avec celui de la Durance.

Au Pelvoux se rattache le **massif de Belledonne** qui domine le Grésivaudan (on appelle ainsi la partie de la vallée de l'Isère située au nord de Grenoble).

Le **massif de Dévoluy** est un massif nu et désolé, dont les sommets dépassent à peine 2 700 mètres ; il est séparé du massif du Pelvoux par le col Bayard, haut de 1 200 mètres, qui sert de passage à la route de Grenoble à Gap, par la vallée du Drac, et qui fait ainsi communiquer le bassin de l'Isère avec celui de la Durance.

Le **massif du Vercors** renferme une crête principale qui court du Sud au Nord, et dont les sommets n'atteignent pas 2 300 mètres.

Le Vercors est prolongé au Sud par des montagnes moins élevées, dont la plus haute est le mont Ventoux, montagne nue et rocailleuse, haute de 1 900 mètres, située dans le département de Vaucluse.

3° ALPES DE SAVOIE. — Les Alpes de Savoie se composent du *massif de la Vanoise*, contrefort des Alpes Grées, et de quatre autres massifs, qui font suite au Vercors et qui forment une chaîne parallèle à la chaîne principale des Alpes : ce sont les *massifs de la Grande-Chartreuse*, des *Beauges*, des *Bornes* et des *Dranses*.

Le **massif de la Vanoise** dont les sommets dépassent 3 700 mètres, est séparé de la chaîne principale par le mont Iseran, qui est un col et non un pic, et il s'avance au milieu du département de la Savoie, entre la Tarentaise et la Maurienne. On appelle Tarentaise la haute vallée de l'Isère, et Maurienne la vallée de l'Arc, affluent de gauche de l'Isère (la Tarentaise mène au col du Petit-Saint-Bernard et la Maurienne au col du mont Cenis).

Le **massif de la Grande-Chartreuse**, ainsi appelé du couvent de Chartreux qui s'y trouve, est un massif très pittoresque, dont les sommets dépassent 2 000 mètres. Il est situé en grande partie dans la province du Dauphiné, mais il fait partie de la même chaîne que les Alpes de Savoie proprement dites.

Le **massif des Beauges**, entre le lac du Bourget et le lac d'Annecy, a des sommets qui s'élèvent à 2 300 mètres.

Le **massif de Bornes**, entre le lac d'Annecy et l'Arve (affluent du Rhône), a des sommets qui s'élèvent à 2 700 mètres.

Le **massif des Dranses**, au nord de l'Arve, est un peu moins élevé, et s'abaisse par gradins sur le lac de Genève.

REMARQUES. — 1° Le Vercors, qui fait partie des Alpes du Dauphiné, la Grande-Chartreuse, les Beauges et les Bornes, qui font partie des Alpes de Savoie, forment une chaîne légèrement courbée qui court dans le même sens que la chaîne principale des Alpes, et qui en est séparée par de profondes vallées ; les deux chaînes sont seulement rattachées l'une à l'autre : au Sud, par le Dévoluy, qui joint le Vercors au Pelvoux, et au Nord par un col de 1 500 mètres, qui joint les Dranses à la masse du mont Blanc.

2° Ces massifs, tout en formant une chaîne bien marquée, sont séparés nettement les uns des autres par des cols peu élevés ou même par des vallées, comme celles de l'Isère et de l'Arve, que l'on peut comparer à des brèches dans une muraille.

Défense de la frontière. Si l'ennemi, venant d'Italie, parvenait à forcer la chaîne principale, il trouverait encore devant lui presque partout des massifs de montagnes, qui sont pour nous autant de forteresses naturelles, c'est-à-dire l'Esterel, les Alpes de Provence, le Pelvoux, le Dévoluy, le Vercors, et toute la chaîne qui s'étend du Vercors au lac de Genève. Les rares passages ouverts par la nature ou par l'homme à travers ces obstacles sont défendus par des forts et par des places fortes, dont les plus importantes sont Briançon, qui garde à la fois le col du mont Genèvre et le col de Lautaret, et plus en arrière, Grenoble, qui garde le passage entre le Vercors et la Grande-Chartreuse.

Départements. Les Alpes de Provence s'étendent sur les départements des Basses-Alpes, des Alpes-Maritimes, du Var et jusque sur celui des Bouches-du-Rhône ; les Alpes du Dauphiné s'étendent sur les départements des Hautes-Alpes, de l'Isère, de la Drôme, et jusque sur celui de Vaucluse ; les Alpes de Savoie s'étendent sur les départements de la Savoie, de la Haute-Savoie et de l'Isère.

PREMIÈRE PARTIE DE LA FRONTIÈRE SUISSE

La première partie de la frontière suisse est comprise entre le massif du mont Blanc et l'entrée du Rhône en France.

Elle est formée :

1° par des ramifications du mont Blanc et des Dranses, qui dominent le Rhône à l'Est ;

2° par la côte sud du lac de Genève, à l'exception des deux extrémités, qui appartiennent à la Suisse.

Onzième leçon

SEPTIÈME CÔTÉ

DE L'ENTRÉE DU RHÔNE EN FRANCE AU MONT DONON

Le septième côté, compris entre l'entrée du Rhône en France et le mont Donon dans les Vosges, représente la deuxième partie de la frontière suisse et la première de la frontière allemande.

DEUXIÈME PARTIE DE LA FRONTIÈRE SUISSE

1. – **Le Jura.** La deuxième partie de la frontière suisse est formée du Jura, grande chaîne de montagnes, presque droite, longue de 60 lieues (sans compter son prolongement en Suisse), large d'au moins 15 lieues, et haute de 1 000 mètres en moyenne.

Le **Jura** n'est pas formé de deux versants séparés par une crête comme le toit d'une maison. Il se compose d'une série de plissements, en d'autres termes, d'une succession de vallées et de crêtes qui courent toutes dans le même sens, vers le Nord-Est. Plusieurs de ces crêtes s'élargissent en plateaux ; d'autres s'élèvent en montagnes. Les vallées sont les unes larges, les autres étroites : les vallées étroites s'appellent des combes. Les eaux, retardées dans leur écoulement par les plissements et par les défilés, forment plusieurs petits lacs, tels que le lac Saint-Point, traversé par le Doubs, et le lac de Nantua.

Le Jura se compose :

1° d'une grande crête ;

2° de plusieurs plateaux.

1° La grande Crête. — La grande crête du Jura est le rebord est du Jura : c'est une sorte d'immense talus de plus de 1 200 mètres de hauteur moyenne, qui domine beaucoup plus la plaine suisse, haute de 400 mètres à peine, que les plateaux, français, hauts de plus de 800 mètres. Elle forme une chaîne continue dont les sommets s'élèvent à 1 700 mètres et dont les cols ont, la plupart, plus de 1 000 mètres.

La frontière entre la France et la Suisse suit à peu près cette crête, mais la Suisse empiète plus souvent sur le versant ouest que la France sur le versant est, et les plus hauts sommets de la chaîne se trouvent sur le territoire suisse.

Le **Grand-Colombier**, haut de plus de 1 500 mètres, est le plus élevé de la partie sud : au pied coule le Rhône, et passe le chemin de fer de Paris au mont Cenis et de Lyon à Genève.

Le **Grand-Credo**, le **Reculet**, le **Crêt de la Neige**, la **Dole**, le **mont Tendre**, hauts de 1 700 mètres environ, sont les sommets les plus élevés du Jura central et de toute la chaîne.

Le **Chasseron** et le **Chasseral**, hauts de plus de 1 000 mètres, sont les sommets les plus élevés de la partie nord.

2° Les plateaux. — Les plateaux du Jura sont situés à l'ouest de la grande crête, et courent dans le même sens qu'elle ; ils sont séparés les uns des autres par des vallées, et ils sont coupés sur quelques points par des cluses, sortes de brèches étroites que les eaux, ont creusées d'une vallée à l'autre.

Les plateaux de l'Est, voisins de la grande crête, sont les plus élevés ; ceux de l'Ouest s'abaissent comme des gradins vers la vallée de la Saône.

Le principal de ces plateaux est le **plateau séquanais**, séparé de la grande crête par la vallée du Doubs, et borné au Nord et à l'Ouest par la même rivière.

2. – **Défense de la frontière**. La grande crête du Jura est percée de routes nombreuses et de plusieurs chemins de fer, qui relient la France et la Suisse. Ces passages sont défendus par quelques forts, entre autres le fort de Joux, près de Pontarlier, mais il est nécessaire d'en augmenter le nombre et l'importance, parce que notre frontière du Jura serait très menacée, si l'Allemagne et l'Italie se réunissaient contre nous. Le plateau séquanais que le Doubs entoure sur trois côtés comme un fossé, est une position militaire de premier ordre.

Si l'ennemi venant de Suisse parvenait à forcer la grande crête et ensuite les plateaux, il trouverait encore devant lui Besançon, grande place forte de première ligne, à l'ouest du plateau séquanais, et enfin trois grandes places fortes de seconde ligne, Lyon, Dijon et Langres.

3. – **Cours d'eau**. Les cours d'eau qui prennent leur source dans le Jura sont :

à l'Ouest : les affluents de gauche de la Saône, tels que le Doubs ;

au Sud : l'Ain, affluent du Rhône.

4. – **Départements**. Les départements qui touchent à la Suisse sont : la Haute-Savoie, séparée d'elle par le lac de Genève, l'Ain, le Jura, le Doubs, séparés de la Suisse par la grande crête du Jura, enfin le territoire de Belfort dont la frontière est conventionnelle.

PREMIÈRE PARTIE DE LA FRONTIÈRE ALLEMANDE

La première partie de la frontière allemande est formée de la trouée de Belfort et de la chaîne des Vosges.

1. – **Trouée de Belfort**. La trouée de Belfort est une plaine comprise entre le *Jura* au Sud et les *Vosges* au Nord. C'est comme une large porte qui fait communiquer la France et l'Allemagne ; la largeur en est de 6 lieues : il y passe des routes, un canal, deux chemins de fer.

Cette porte est gardée par la ville de **Belfort**, grande place forte qu'on peut comparer à une sentinelle en faction. Si nous avions perdu Belfort, le Jura et les Vosges ne nous serviraient plus à rien, parce que nos ennemis pourraient les tourner. Heureusement Belfort a dû à sa belle résistance dans la dernière guerre de rester français, et les armées ennemies trouveront le chemin barré entre le Jura et les Vosges. Belfort et ses alentours, qui faisaient partie du département du Haut-Rhin, forment depuis la guerre une circonscription administrative distincte, le territoire de Belfort.

2. – **Les Vosges**. Les Vosges sont une grande chaîne de montagnes presque droite, qui court vers le Nord-Nord-Est, dans le même sens que le Rhin. La crête, comprise entre la *trouée de Belfort* et le *mont Donon*, sépare les départements de la Haute-Saône et des Vosges de l'Alsace devenue allemande. Elle est longue d'une vingtaine de lieues, large de dix environ, haute de plus de 1 000 mètres en moyenne.

Elle est formée d'une chaîne principale à deux versants, et de contreforts qui s'avancent comme des promontoires à l'ouest et à l'est de cette chaîne, séparés les uns des autres par des vallées.

Dans la plupart des vallées courent des torrents, qui forment la Moselle et la Meurthe ; d'autres renferment des lacs, dont le plus célèbre est celui de Gérardmer.

Ces montagnes sont boisées, et les paysages sont magnifiques ; les sommets sont souvent arrondis en forme de ballons.

L'extrémité sud de la chaîne et les contreforts de l'Est se terminent très brusquement sur la plaine.

Les points les plus importants des Vosges sont le *ballon d'Alsace*, le *col de Bussang*, le *ballon de Guebwiller*, le *Honeck*, le *col de la Schlucht*, les *Hautes-Chaumes*, la *trouée de Saales* et le *mont Donon*.

Le ballon d'Alsace, haut de 1 250 mètres, sert de séparation entre les départements de la Haute-Saône et des Vosges, le territoire de Belfort et l'Alsace.

Le col de Bussang, où passe une grande route, a encore plus de 700 mètres.

Le ballon de Guebwiller, haut de plus de 1 400 mètres, est le sommet le plus élevé de toutes les Vosges, et s'avance à l'est de la chaîne.

Le Honeck a plus de 1 350 mètres ; tout près du Honeck, est le **col de la Schlucht**, qui n'a pas moins de 1 200 mètres, mais qui sert de passage à une bonne route.

Les Hautes-Chaumes et les montagnes voisines forment une crête de plus de 1 300 mètres.

La trouée de Saales, interruption de la crête, n'a pas plus de 560 mètres, et est très facile à franchir.

Le Donon, haut de plus de 1 000 mètres, est le point à partir duquel les deux versants de la chaîne des Vosges appartiennent aux Allemands.

Aux Vosges se rattachent les monts Faucilles, suite de hauteurs et de plateaux d'environ 500 mètres, qui suivent la rive gauche de la Moselle jusqu'à Épinal, puis s'étendent vers l'Ouest, entre les bassins de la Meuse et de la Saône.

3. – Défense de la frontière. Les passages des Vosges sont difficiles à défendre, parce que les Allemands peuvent facilement les tourner par le Nord (ils ont tracé des routes nombreuses pour déboucher rapidement de Strasbourg sur la Lorraine par la partie des Vosges qui est en leur pouvoir). Aussi a-t-on établi depuis la guerre une grande place forte à **Épinal**, dans la vallée de la Moselle, c'est-à-dire qu'on a entouré la ville de forts détachés ; et l'on a construit plusieurs forts dans les monts Faucilles, sur les escarpements qui dominent la Moselle afin de relier Épinal à Belfort.

Douzième leçon

HUITIÈME CÔTÉ

DU MONT DONON À DUNKERQUE

Le huitième côté, compris entre le mont Donon, dans les Vosges, et Dunkerque, représente la deuxième partie de la frontière allemande, et la frontière belge.

Ces frontières ne sont formées par aucune chaîne de montagnes, par aucun grand cours d'eau, par aucun obstacle naturel ; c'est pourquoi on les appelle des frontières artificielle ou conventionnelles.

DEUXIÈME PARTIE DE LA FRONTIÈRE ALLEMANDE

1. – **Frontière artificielle.** La deuxième partie de la frontière allemande est comprise entre le *mont Donon* et *Longwy*.

On peut la diviser en deux parties :

1° La partie comprise entre le mont Donon et la Moselle ;

2° La partie comprise entre la Moselle et Longwy.

La première partie suit, à quelque distance plus au Nord, la Meurthe, affluent de la Moselle. La seconde partie suit, à quelque distance plus à l'Ouest, la Moselle, rivière qui coule vers le Nord.

2. – **Ancienne frontière.** Avant la guerre de 1870, la frontière allemande n'était pas la même qu'aujourd'hui. Elle était formée :

1° par le Rhin, depuis la frontière suisse jusqu'à la Lauter, petit affluent de gauche du Rhin ;

2° par la Lauter, puis par une ligne conventionnelle qui traversait les Vosges, suivait la Sarre, affluent de droite de la Moselle, et, après avoir traversé la Moselle, gagnait Longwy.

En d'autres termes, la France avait en plus :

– l'**Alsace**, comprise entre les Vosges et le Rhin ;

– le **nord de la Lorraine**, compris entre les Vosges et la frontière actuelle.

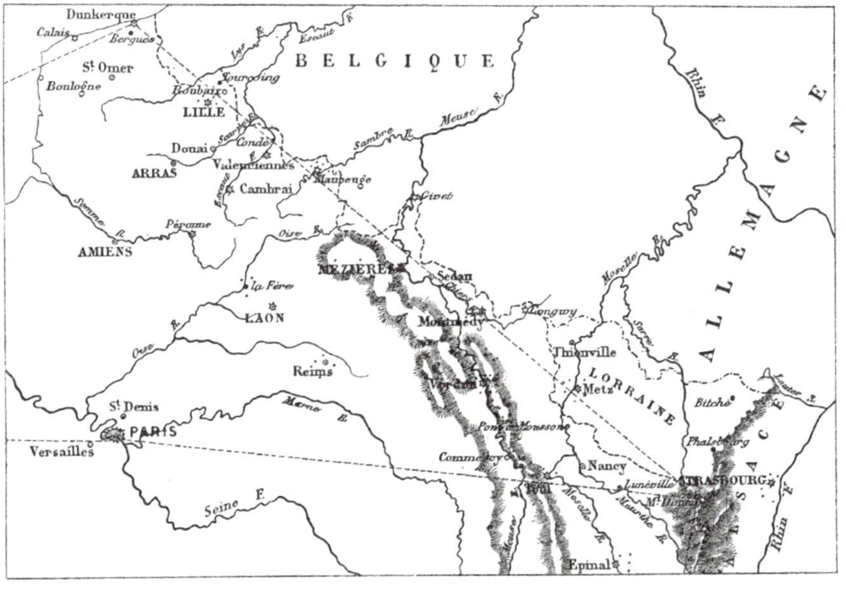

Depuis la frontière suisse jusqu'à la Lauter, le Rhin formait une frontière naturelle, moins difficile à franchir qu'une chaîne de montagnes, mais défendue par plusieurs places fortes dont la principale était **Strasbourg**.

Les Vosges, avec leurs principaux passages gardés par **Bitche** et par **Phalsbourg**, formaient une seconde ligne de défense parallèle au Rhin.

La partie de la frontière comprise entre les Vosges et Longwy était dépourvue d'obstacles naturels, mais était défendue par deux places fortes, **Thionville** et **Metz**.

Depuis 1871, l'Alsace et la Lorraine du Nord, si françaises de cœur, mais séparées de la France malgré elles, font partie de l'Empire d'Allemagne, et les habitants ont été contraints de quitter leur pays ou de devenir Allemands.

3. – **Défense de la frontière**. Les villes voisines de cette frontière : **Nancy**, sur la Meurthe, **Pont-à-Mousson** sur la Moselle, ne sont pas fortifiées (Lunéville seul possède un fort) ; mais plus en arrière se trouvent deux grandes places fortes : **Toul** sur la Moselle et **Verdun** sur la Meuse. Des forts relient Toul à Verdun comme Belfort à Épinal. Toul est séparé d'Épinal par un passage non fortifié, qu'on appelle une trouée ; mais l'armée ennemie qui y pénétrerait courrait le danger d'être coupée de sa ligne de retraite ; d'ailleurs il ne faut pas oublier que la véritable défense d'un pays est dans son armée et non dans ses forteresses.

Si l'ennemi venant d'Allemagne parvenait à forcer cette première ligne, il trouverait encore devant lui une grande place forte de seconde ligne, Reims, et enfin la plus grande place forte du monde, Paris, immense camp retranché de plus de 30 lieues de tour, qui renferme non seulement Paris, Saint-Denis et tout le département de la Seine, mais aussi la grande ville de Versailles.

4. – **Cours d'eau**. Les cours d'eau qui prennent leur source dans les Vosges sont : la Moselle et son affluent, la Meurthe ; dans les Faucilles, la Saône.

FRONTIÈRE BELGE

La frontière belge est comprise entre *Longwy* et *Dunkerque*. Elle est longue de 73 lieues et forme une ligne presque droite : elle ne présente qu'une saillie bien marquée, celle de Givet, qui s'avance dans le territoire belge comme un promontoire dans la mer : Givet est deux fois plus près de Longwy que de Dunkerque.

La frontière belge est dépourvue d'obstacles naturels, et il a été nécessaire de la fortifier d'un bout à l'autre.

Au XVIIe siècle, Vauban y créa une formidable barrière de forteresses et d'inondations, qui a rendu les plus grands services au siècle dernier. Mais la plupart de ces défenses sont devenues insuffisantes, depuis que l'artillerie peut bombarder les villes à grande distance ; beaucoup de murailles sont devenues inutiles, et la frontière de Vauban a dû être entièrement remaniée.

Beaucoup de places, **Sedan** et **Cambrai** par exemple, ont été déclassées, c'est-à-dire privées ou plutôt débarrassées de leurs fortifications devenues plus dangereuses qu'utiles. D'autres places, comme **Arras**, seront tôt ou tard déclassées ; d'autres ont reçu ou recevront des fortifications nouvelles, c'est-à-dire qu'elles sont ou seront entourées de forts détachés qui tiendront l'ennemi à distance.

La frontière belge peut se diviser en trois parties, de 25 lieues environ chacune.

1. – **De Longwy à la Meuse**, la frontière suit, à quelque distance plus au Nord, la **Chiers** (prononcez *quière*), affluent de droite de la Meuse, puis la Meuse, qui coule vers le Nord. Elle est défendue par quatre places, *Longwy*, *Montmédy*, *Mézières* et *Givet*.

Longwy, sur la Chiers, est une petite place bien située, mais mal fortifiée.

Montmédy, sur la Chiers, a sa haute ville bien fortifiée.

Mézières, sur la Meuse, ne possède qu'un fort détaché, et n'est pas à l'abri du bombardement.

Givet, sur la Meuse, est une grande place bien située et bien fortifiée.

2. – **De la Meuse à l'Escaut**, la frontière, après avoir traversé la Meuse tout près de Givet, forme une ligne courbe concave jusqu'à la Sambre, affluent de gauche de la Meuse ; puis, après avoir traversé la Sambre, va sans grand détour jusqu'à l'Escaut. Elle est défendue par deux places : *Maubeuge* et *Valenciennes*.

Maubeuge, sur la Sambre, est bien situé, et ses nouveaux forts en font une place importante.

Valenciennes, sur l'Escaut, a l'avantage de pouvoir s'entourer d'inondations, mais cette place ne sera solide que si l'on augmente le nombre de ses forts.

Condé, sur l'Escaut, à 10 kilomètres plus au Nord, peut être considéré comme un fort détaché de Valenciennes.

3. – **De l'Escaut à la mer**, la frontière, après avoir traversé l'Escaut, le suit, à quelque distance plus à l'Ouest, jusqu'à la Lys, puis, après avoir traversé la Lys, en suit la rive gauche en la remontant, et enfin va en ligne droite de la Lys à la mer du Nord.

Elle est défendue par cinq places : *Douai*, *Lille*, *Saint-Omer*, *Dunkerque* et *Calais*.

Douai, sur la Scarpe, peut aussi s'entourer d'inondations, mais ne possède qu'un fort détaché.

Lille est la grande place forte de la frontière belge ; ses forts détachés, éloignés de plusieurs kilomètres, en font un grand camp retranché, la mettent à l'abri d'un bombardement, et peuvent battre de leurs canons les abords de Roubaix et de Tourcoing, deux grandes villes d'industrie, situées à 10 ou 12 kilomètres de Lille.

Saint-Omer, situé un peu en arrière, peut s'entourer d'inondations, mais n'a que sa vieille citadelle.

Dunkerque, presque à l'angle de la frontière belge et de la côte de la mer du Nord, a reçu des fortifications nouvelles. L'ancienne petite place de Bergues peut être considérée comme un des forts détachés de Dunkerque.

Calais, comme Dunkerque, fait partie à la fois des défenses de la côte et de celles de la frontière belge.

4. – **Défenses de seconde ligne**. Si l'ennemi venant de Belgique parvenait à prendre une place forte, ou passait dans un des intervalles non fortifiés, il trouverait devant lui des défenses de seconde ligne : le camp retranché de Laon-la-Fère (c'est-à-dire les deux places de Laon et de la Fère avec leurs forts détachés) ; la vallée de la Somme, qui n'est défendue que par la mauvaise place de Péronne et par la vieille citadelle d'Amiens, mais qui forme une petite barrière naturelle ; enfin en troisième ligne Paris, qui est la dernière défense de la frontière du Nord comme de la frontière de l'Est.

Treizième leçon

MASSIF CENTRAL

Le Massif central de la France se compose de deux parties distinctes :

– le grand massif ;

– le petit massif.

Chacun de ces deux massifs est formé de montagnes véritables, c'est-à-dire de hauteurs de plus de 500 mètres.

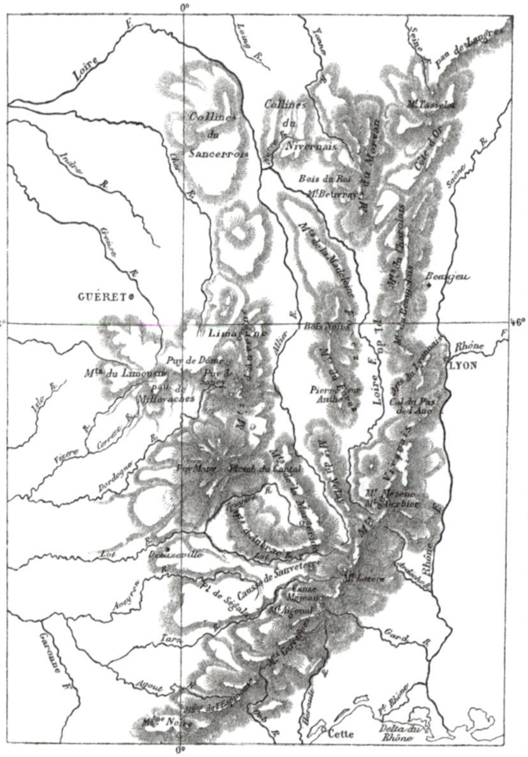

GRAND MASSIF

La forme générale du grand massif est celle d'un triangle. Les trois points qui marquent les extrémités des trois côtés sont : *Guéret*, *Beaujeu* et la *montagne Noire*. Les trois côtés de ce triangle sont inégaux.

Le grand massif est formé de *trois chaînes de montagnes*, de *deux massifs* et de *deux plateaux*, de *cinq hautes vallées*.

LES TROIS CHAÎNES DE MONTAGNES

1. – **Cévennes**. 1° La chaîne de l'Est, qui forme la limite est du massif, peut être appelée par abréviation les *Cévennes*, parce que les Cévennes en sont la partie centrale et la plus élevée, mais les montagnes qui les prolongent au Nord et au Sud ont des noms particuliers, et c'est par abus qu'on les appelle les Cévennes.

Les Cévennes proprement dites, qui s'étendent de la source de l'Allier à la source de l'Hérault, dans le département de la Lozère, sont une chaîne de montagnes de second ordre, à peu près droite, longue d'une quinzaine de lieues, large de sept ou huit et haute de 900 à 1 700 mètres. Elles présentent trois massifs importants : l'*Aigoual*, le *causse Méjean* et le *mont Lozère*.

L'Aigoual est un massif haut de 1 550 mètres, dont les eaux ruissellent de toutes parts.

Le causse Méjean est un vaste plateau haut de 900 à 1 300 mètres, sans ruisseaux, sans prairies, sans forêts : aussi ne contient-il que 2 000 habitants, ce qui fait 5 habitants seulement par kilomètre carré (au lieu de 70 en moyenne) ; le mot causse veut dire plateau dénudé, sans arbres et sans eau.

Le mont Lozère, encore plus aride et moins habité, s'élève jusqu'à 1 700 mètres.

2° Les montagnes qui prolongent les Cévennes au Nord sont les *monts du Vivarais*, les *monts du Lyonnais*, les *monts du Beaujolais*.

Les **monts du Vivarais**, ainsi appelés du pays qui forme aujourd'hui le département de l'Ardèche, s'étendent de la source de l'Allier au col du Pas-de-l'Âne ; ils sont moins arides que les Cévennes et sont couverts de châtaigniers qui produisent les marrons dits de Lyon.

On y remarque :

le mont Gerbier-des-Joncs, haut de 1 550 mètres ;

le Mézenc, massif volcanique qui dépasse 1 750 mètres ;

le Pilât, moins haut, mais isolé et très imposant ;

Le col du Pas-de-l'Âne joint la vallée du Gier à celle du Furens et fait communiquer Lyon et Saint-Étienne (il n'a que 520 mètres ; c'est le passage le plus facile de la chaîne).

Les monts du Lyonnais, situés dans le département du Rhône, s'étendent depuis le col du Pas-de-l'Âne jusqu'aux environs de Lyon et ont un sommet de 1 000 mètres.

Les monts de Beaujolais (pays de Beaujeu, département du Rhône), moins élevés en moyenne, ont aussi un sommet de 1 000 mètres.

3° Les montagnes qui prolongent les Cévennes au Sud sont les monts *Garrigues*, la *montagne de l'Espinouse*, la *montagne Noire*.

Les monts Garrigues, situés dans le département de l'Hérault, n'atteignent pas 1 000 mètres.

La montagne de l'Espinouse, située aussi dans le département de l'Hérault et séparée des monts Garrigues par la vallée de l'Orb, s'élève jusqu'à 1 200 mètres.

La montagne Noire, ainsi nommée de ses forêts de sapins, a encore un sommet de 1 200 mètres. Elle est située entre les départements du Tarn et de l'Aude.

2. – Les monts du Velay et du Forez. La chaîne du milieu, qui s'étend du Sud au Nord, entre la haute vallée de la Loire et la haute vallée de l'Allier, n'a pas de nom général. On la désigne au moyen des deux massifs qui la forment :

les monts du Velay se rattachent à l'extrémité sud des monts du Vivarais ; ils ont un sommet de 400 mètres ; ils sont situés dans la Haute-Loire ;

les monts du Forez prolongent ceux du Velay : ils s'élèvent jusqu'à 1 600 mètres, à Pierre-sur-Haute. Ils sont situés entre les départements de la Loire et du Puy-de-Dôme.

Les bois Noirs et les monts de la Madeleine, plus au nord, ont encore des sommets de 1 200 mètres.

Monts de la Margeride.

3. – Monts de la Margeride et d'Auvergne. La chaîne de l'Ouest, qui se rattache à l'extrémité nord des Cévennes, et qui court vers le Nord-Ouest, dans la direction de Guéret, partage le grand massif en deux parties égales.

Elle se divise elle-même en deux parties égales, les *monts de la Margeride* et les *monts d'Auvergne*.

Les monts de la Margeride, entre les départements de la Lozère et de la Haute-Loire, font le pendant des monts du Vivarais ; ils forment une chaîne de 20 lieues et ont des sommets de 1 400 à 1 550 mètres.

Les monts d'Auvergne se divisent eux-mêmes en *monts Dore* et en *monts Dômes*.

Les monts Dore renferment le plus haut sommet du grand massif, **le puy de Sancy**, ancien volcan qui s'élève à 1 886 mètres.

Les monts Dômes sont une cinquantaine d'anciens volcans qui s'élèvent au-dessus d'un plateau de 700 mètres ; le principal est **le puy de Dôme**, qui n'a pas 1 500 mètres, mais qui semble plus élevé parce qu'il est isolé.

Quatorzième leçon

MASSIF CENTRAL *(suite)*

LES DEUX MASSIFS

1. – **Les monts d'Aubrac**, situés entre les départements de la Lozère et de l'Aveyron, sont un énorme massif rond qui s'avance comme une presqu'île à l'ouest des monts de la Margeride : leurs sommets n'ont pas 1 500 mètres.

2. – **Le massif du Cantal**, dans le département du Cantal, est aussi un énorme massif rond qui s'avance comme une presqu'île à l'ouest des monts d'Auvergne. Il présente des sommets élevés, dont les principaux sont : le plomb du Cantal et le puy Mary.

Le plomb du Cantal, qui dépasse 1 850 mètres, est le deuxième sommet du grand massif.

Le puy Mary s'élève à près de 1 800 mètres.

LES DEUX PLATEAUX

1. – **Le plateau de Ségala**, ainsi nommé du seigle qu'il produit, se rattache au mont Lozère par le causse de Sauveterre, et s'avance jusqu'au côté sud-ouest du grand massif, remplissant presque tout l'espace compris entre les monts d'Aubrac au Nord, les Cévennes, les Garrigues, l'Espinouse et la montagne Noire au Sud ; sa hauteur moyenne est de 800 mètres. Il forme une partie du département de l'Aveyron.

2. – **Le plateau de Millevaches**, ainsi nommé des bestiaux qu'il nourrit, se rattache aux monts d'Auvergne, et s'avance jusqu'aux côtés sud-ouest et nord du grand massif, dont il forme l'angle nord-ouest ; sa hauteur moyenne est de 800 mètres. Il est situé entre les départements de la Creuse et de la Corrèze.

LES HAUTES VALLÉES

La haute vallée de la Loire s'étend entre la chaîne de l'est et la chaîne du milieu.

La haute vallée de l'Allier s'étend entre la chaîne du milieu et la chaîne de l'Ouest.

La haute vallée de la Dordogne s'étend entre le plateau de Millevaches et le Cantal.

La haute vallée du Lot s'étend entre les monts d'Aubrac et le plateau de Ségala.

La haute vallée du Tarn s'étend entre le plateau de Ségala et les Cévennes.

Les hautes vallées de la Loire et de l'Allier sont les seules qui renferment de larges plaines : la haute plaine de la Loire s'appelle la **plaine du Forez**, la haute plaine de l'Allier, plus fertile et plus vaste, s'appelle **la Limagne**.

Ces vallées sont très élevées dans leur partie supérieure : ainsi la source de la Loire et celle de l'Allier sont à plus de 1 400 mètres, celle de la Dordogne est après de 1 700 mètres ; mais, sur les limites du grand massif, la hauteur de ces vallées n'est plus que de 200 à 250 mètres ; la plaine du Forez et la Limagne sont à une hauteur de 300 ou 400 mètres.

Les cours d'eau. Les cours d'eau qui prennent leur source dans le grand massif ou dans ses dépendances sont :

– au Nord, la Loire et ses grands affluents de gauche, l'Allier, le Cher, l'Indre, la Vienne, ainsi que plusieurs de leurs propres affluents, tels que la Creuse et le Gain ; enfin les affluents de droite de la Haute-Loire, tels que le Furens ;

– à l'Ouest et au Sud : la Charente et les grands affluents de droite de la Garonne, le Tarn, le Lot, la Dordogne, ainsi que leurs propres affluents, tels que l'Aveyron, l'Agout, la Truyère, la Vézère, l'Isle ;

– à l'Est : de petits affluents de droite du Rhône, tels que l'Ardèche et le Gard, et de petits fleuves, tels que l'Orb et l'Hérault.

Départements. Les départements situés en entier dans le grand massif sont : la Lozère, l'Ardèche, la Haute-Loire, la Loire, le Puy-de-Dôme, le Cantal et l'Aveyron.

Le grand massif s'étend en outre plus ou moins dans le Tarn, l'Hérault et le Gard, au Sud ;

le Rhône, l'Allier et la Creuse, au Nord ; la Haute-Vienne, la Corrèze et le Lot, à l'ouest.

Ses dépendances s'étendent en outre dans le département de Saône-et-Loire, au Nord, et dans celui de la Dordogne, à l'Ouest.

LE PETIT MASSIF

Le petit massif est rattaché au grand massif par les monts du Charolais, qui ne sont que des collines.

Il est situé à la même latitude que l'embouchure de la Loire et que le plateau séquanais.

Il est formé de deux groupes : le Morvan, et la côte d'Or.

Le Morvan, situé entre les départements de la Nièvre et de Saône-et-Loire, est un pays montagneux, boisé, sauvage, où les communications sont difficiles. La hauteur moyenne du Morvan est de 700 mètres ; le sommet le plus élevé est celui du **Bois-du-Roi**, haut de 900 mètres ; le sommet le plus connu est un sommet de 800 mètres, le **mont Beuvray**, sur lequel était située une ville gauloise.

La côte d'Or, dans le département de la Côte-d'Or, est une chaîne de montagnes de 500 à 600 mètres, dont la base à l'Est est couverte de riches vignobles.

Le mont Tasselot, haut de 600 mètres, est le sommet le plus connu de cette région, parce que la Seine y prend sa source.

REMARQUES. — Si la mer montait de 600 mètres, le petit massif deviendrait un petit archipel, composé de plusieurs îles, qui, toutes ensemble, équivaudraient à peine aux quarts de la Corse.

Cours d'eau. Les cours d'eau qui prennent leur source dans le petit massif et dans ses dépendances sont :

– dans le Morvan : de petits affluents de droite de la Loire, et un grand affluent de gauche de la Seine, l'Yonne ;

– dans les collines du Nivernais : la Nièvre et le Loing ;

– dans la côte d'Or, la Seine, à l'Ouest, et de petits affluents de la Saône, à l'Est ;

– dans le plateau de Langres : des affluents de droite de la Seine, tels que l'Aube et la Marne ; et à l'extrémité nord, la Meuse.

Départements. Les départements où s'étend le petit massif sont la Nièvre, Saône-et-Loire et la Côte-d'Or. Ses dépendances s'étendent en outre dans le Cher et dans la Haute-Marne.

FRANCE PHYSIQUE
RELIEF
et
COURS D'EAU
MER DU NORD
HOLLANDE
BELGIQUE
ALLEMAGNE
SUISSE
ITALIE
ANGLETERRE
LA MANCHE
Pas de Calais
OCÉAN ATLANTIQUE
Golfe de Gascogne
Golfe du Lion
MER MÉDITERRANÉE
ESPAGNE
MASSIF DES PYRÉNÉES
CORSE
Dunkerque
Boulogne
Lille
Amiens
Cherbourg
le Havre
Pays de Caux et de Bray
Rouen
Caen
Reims
Metz
PARIS
Versailles
Nancy
Strasbourg
Brest
Mts d'Arrée
Rennes
le Mans
Orléans
Beauce
Angers
Nantes
Tours
Bourges
Dijon
Besançon
Poitiers
La Rochelle
Limoges
Clermont-Ferrand
Lyon
St Etienne
Angoulême
Grenoble
Bordeaux
Nimes
Montpellier
Toulouse
Carcassonne
Marseille
Toulon
Nice
Corbières
Landes
I. d'Aurigny
I. Guernesey
I. Jersey
I. de Groix
Belle-Ile
I. de Noirmoutier
I. d'Yeu
I. de Ré
I. d'Oléron
Collines de Normandie
Collines du Perche
Collines du Poitou
Ardennes
Argonne
Vosges
Plateau de Langres
Côte d'Or
Coll. du Nivernais
Mts du Morvan
Mts du Limousin
Mts d'Auvergne
Mts de la Marche
Cévennes
Chaîne des Cévennes
Jura
Alpes
Mt Blanc
Mt Cenis
Mt Pelvoux
Mt Viso
Alpes Maritimes
Mt Lozère
Pic du Midi
Mt Canigou
Bassin d'Arcachon
Loire F.
Seine F.
Rhône F.
Garonne F.
Dordogne R.
Rhin F.
Meuse F.
Escaut F.

Quinzième leçon

COURS D'EAU

LES GRANDS BASSINS

1. – Il y a en France quatre grands bassins. Si l'on considère le relief de la France, on aperçoit aussitôt le bassin de la Garonne et le bassin du Rhône nettement limités, l'un par les Pyrénées et par le Massif central, l'autre par le Massif central et par les Alpes. On comprend sans peine quelle est la direction des deux fleuves ; il est clair que la Garonne, formée de cours d'eau qui coulent vers le Nord et de cours d'eau qui coulent vers l'Ouest, a la direction intermédiaire, celle du Nord-Ouest ; il est clair que le Rhône, qui suit une sorte d'étroit couloir, se dirige en ligne droite vers le Sud, où en est la seule issue.

On distingue moins bien au premier abord le bassin de la Loire et le bassin de la Seine, parce qu'ils ne sont ni limités partout par des montagnes, ni séparés l'un de l'autre par une ligne continue de collines; mais il est aisé de remarquer que les deux bassins sont séparés en partie par le petit massif et par les collines du Perche, que la Loire a d'abord la direction nord, puis la direction ouest, d'Orléans à la mer. La Seine, qui descend de la côte d'Or, conserve la direction nord-ouest jusqu'à la mer, et forme seulement un grand nombre de replis qui doublent sa longueur.

2. – Ces quatre bassins sont en général nettement limités. On appelle ceinture d'un bassin les montagnes ou les collines qui le séparent des bassins voisins ; cette ceinture est presque complète pour le bassin du Rhône, plus ou moins incomplète pour les trois autres grands bassins.

La *ceinture du bassin de la Seine*, la moins complète, est formée par le pays de Bray, le petit plateau d'Artois, les Ardennes, l'Argonne, le plateau de Langres, la côte d'Or, le Morvan, les collines du Nivernais, du Perche et de Normandie. La grande lacune de cette ceinture est la partie comprise entre les collines du Nivernais et celle du Perche, c'est-à-dire la plaine de la Beauce.

La *ceinture du bassin de la Loire* est formée par les collines de Bretagne, les collines du Maine, de Normandie et du Perche, les collines du Nivernais, le Morvan, les monts du Charolais, du Beaujolais, du Lyonnais et du Vivarais, les monts de la Margeride et d'Auvergne, le plateau de Millevaches, les monts du Limousin, les collines du Poitou. Les deux lacunes de cette ceinture sont la Beauce, et la région comprise entre les monts du Limousin et les collines du Poitou.

La *ceinture du bassin de la Garonne* est formée par les monts du Limousin, le plateau de Millevaches, les monts d'Auvergne et de la Margeride, les Cévennes, et par les montagnes qui les prolongent au sud (monts Garrigues, de l'Espinouse, montagne Noire), enfin la chaîne des Pyrénées. Les principales lacunes de cette ceinture sont la région située à l'ouest des monts du Limousin, le col de Naurouze, et la région peu élevée qui sépare la Garonne de l'Adour.

La *ceinture du bassin du Rhône* est formée par les Cévennes et les montagnes qui les prolongent au Nord (monts du Vivarais, du Lyonnais, du Beaujolais, du Charolais) par la côte d'Or et le plateau de Langres, par les Faucilles et les Vosges, par le Jura, par les Alpes. Cette ceinture n'a que deux étroites lacunes, la trouée de Belfort et la région comprise entre les Cévennes et la mer.

3. – Chacun de ces bassins renferme une région montagneuse. La région montagneuse du bassin de la Seine, de beaucoup la moins étendue, ne se compose que d'une partie de la côte d'Or et du Morvan. La région montagneuse du bassin de la Loire, plus étendue, se compose d'une partie importante du Massif central, monts du Vivarais, du Lyonnais, du Beaujolais, du Charolais, Morvan, monts du Velay et du Forez, monts d'Auvergne. La région montagneuse du bassin de la Garonne, plus étendue encore, se compose de la moitié du grand massif (massif du Cantal, monts d'Aubrac, partie des Cévennes, etc.), et d'une grande partie des Pyrénées. La région montagneuse du bassin du Rhône, plus étendue que la plaine, se compose du bord oriental du Massif central, d'une partie de la côte d'Or et des Vosges, et de la plus grande partie du Jura et des Alpes.

4. – Plus la partie montagneuse est étendue, plus les cours d'eau sont irréguliers. Le bassin de la Seine, qui ne reçoit les eaux d'aucun glacier et qui n'est pas entouré de pentes rapides, n'a guère que des cours d'eau calmes et réguliers ; sans doute ils se gonflent pendant les pluies et baissent pendant les sécheresses, mais leurs inondations sont peu redoutables, et leur lit n'est jamais à sec. Le bassin de la Loire est formé de cours d'eau très différents : ceux qui, comme la Loire, reçoivent les eaux du Massif central et qui descendent dans la plaine par une pente rapide, sont sujets à de grands écarts : à l'époque du dégel et des pluies, ils s'enflent subitement, sortent de leur lit et causent souvent de grands ravages ; à l'époque des chaleurs leur lit n'est plus qu'un banc de sable desséché, où serpente un ruisseau. Au contraire les cours d'eau, qui, comme la Maine, viennent de collines peu élevées, sont calmes et réguliers comme la Seine.

Le bassin de la Garonne, entouré de hautes montagnes, a des cours d'eau très redoutables : en 1875, la Garonne, s'élevant de 13 mètres au-dessus de l'étiage, a renversé 7 000 maisons et noyé des centaines de personnes dans un faubourg de Toulouse ; mais ni la Garonne ni ses affluents ne sont jamais aussi bas que la Loire, parce que les Pyrénées ont assez de glaciers pour fournir de l'eau pendant tout l'été. Le bassin du Rhône, le plus montagneux de tous, a les cours d'eau les plus abondants : ceux qui descendent des Alpes, comme l'Arve, et ceux qui descendent du Massif central, comme l'Ardèche, deviennent, à l'époque du dégel, des torrents énormes, et le Rhône, qui les reçoit, est de beaucoup le plus gros fleuve de la France : mais il n'exerce pas autant de ravages que la Garonne et que la Loire, parce que le dégel n'a pas lieu en même temps dans les Alpes et dans le grand massif. En outre, la pente du Rhône est plus rapide, et permet aux eaux de s'écouler plus vite. À l'époque des sécheresses, le Rhône reste abondant, parce que les Alpes, comme les Pyrénées, ont assez de glaciers pour l'alimenter, et aussi parce qu'il a pour affluent un cours d'eau calme et régulier, la Saône, qui vient de collines peu élevées et qui coule lentement dans la plaine.

5. – Le plus grand fleuve de France est la Loire, qui a 250 lieues. Le second par la longueur est la Seine, qui a 200 lieues, grâce à ses nombreux replis : en ligne droite, elle n'aurait guère que 100 lieues. La Garonne n'a que 150 lieues ; le Rhône a 200 lieues en tout, mais 125 seulement en France.

Seizième leçon

BASSIN DE LA SEINE

DÉPARTEMENTS DU BASSIN DE LA SEINE

La *Seine* arrose la **Côte-d'Or**, l'**Aube**, **Seine-et-Marne**, **Seine**, **Seine-et-Oise**, l'**Eure** et la **Seine-Inférieure**.

L'*Aube* arrose la **Haute-Marne** et l'**Aube**, et finit dans la **Marne**.

La *Marne* arrose la **Haute-Marne**, la **Marne**, l'**Aisne**, **Seine-et-Marne** et **Seine-et-Oise**, et finit dans la **Seine**.

L'*Ornain* arrose la **Meuse** et la **Marne**.

L'*Ourcq* arrose l'**Aisne** et **Seine-et-Marne**.

Le *Petit-Morin* arrose la **Marne** et **Seine-et-Marne**.

L'*Oise* arrose l'**Aisne**, l'**Oise** et **Seine-et-Oise**.

L'*Aisne*, qui vient de la Meuse, arrose la **Marne**, les **Ardennes**, l'**Aisne** et l'**Oise**.

La *Vesle* arrose la **Marne** et l'**Aisne**.

Le *Thérain* arrose l'**Oise**.

L'*Epte* sépare l'**Eure** de l'**Oise** et de **Seine-et-Oise**.

L'*Yonne* arrose la **Nièvre** et l'**Yonne**.

L'*Armançon* arrose la **Côte-d'Or** et l'**Yonne**.

Le *Loing* arrose le **Loiret** et **Seine-et-Marne**.

L'*Eure* arrose **Eure-et-Loir** et l'**Eure**.

L'*Iton* arrose l'**Eure**.

La *Rille* arrose l'**Orne** et l'**Eure**.

COURS DU FLEUVE

La Seine a de nombreux replis, mais sa direction générale est celle du nord-ouest depuis sa source jusqu'à son embouchure.

La Seine prend sa source dans la **Côte-d'Or**, au **mont Tasselot**, à 430 mètres seulement de hauteur ; coule d'abord dans une région très accidentée, où elle se grossit de sources nombreuses, notamment à **Châtillon-sur-Seine** ; passe ensuite à **Troyes**, chef-lieu de l'Aube ; à **Montereau**, où finit l'Yonne ; à **Melun**, chef-lieu de Seine-et-Marne ; à **Paris**, capitale de la France ; à **Saint-Denis**, ville industrielle qui est presque un faubourg

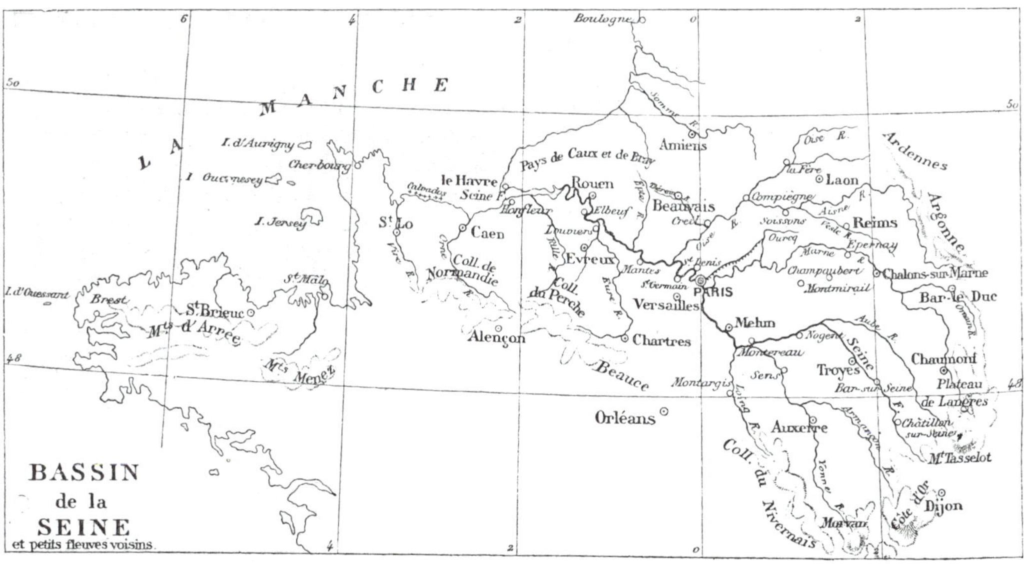

de Paris ; forme de nombreux replis entre Paris et **Saint-Germain**, petite ville célèbre par son château et par sa forêt ; passe à **Elbeuf**, ville importante de la Seine-Inférieure ; à **Rouen**, chef-lieu de la Seine-Inférieure, redevenu un grand port depuis qu'on a rendu la basse Seine navigable pour les gros navires ; forme encore plusieurs replis entre Rouen et la mer ; devient un large estuaire de 6 à 10 kilomètres de large ; sur la rive droite se trouve **Le Havre**, et sur la rive gauche **Honfleur**.

AFFLUENTS

1. – **La Seine a pour affluents, à droite** : l'*Aube*, la *Marne*, l'*Oise* et l'*Epte*.

1° L'*Aube* prend sa source au sud du plateau de **Langres** ; ne passe dans aucune ville importante, et se jette dans la Seine entre **Troyes** et **Montereau**.

2° La *Marne* prend sa source dans le nord du plateau de **Langres** ; passe à **Chaumont**, chef-lieu de la Haute-Marne ; à **Châlons**, chef-lieu de la Marne ; à **Épernay**, ville importante de la Marne, et se jette dans la Seine, un peu au-dessus de Paris, à **Charenton**.

3° L'*Oise* est formée de deux ruisseaux dont l'un prend sa source en Belgique ; coule du nord au sud entre les Ardennes et l'Artois ; passe à la **Fère**, grande place forte ; à **Compiègne**, célèbre par son château et par sa forêt ; à **Creil**, importante bifurcation de chemins de fer, et se jette dans la Seine au nord de la forêt de **Saint-Germain**.

4° L'*Epte* prend sa source dans le pays de Bray et se jette dans la Seine entre **Paris** et **Rouen**. Elle sépare la Normandie de l'Île-de-France.

2. – **La Seine a pour affluents, à gauche** : l'*Yonne*, le *Loing*, l'*Eure* et la *Rille*.

1° L'*Yonne* prend sa source dans le Morvan ; passe à **Auxerre**, chef-lieu de l'Yonne ; à **Sens**, ville importante de l'Yonne, et se jette dans la Seine à **Montereau**. (On appelle encore la ville Montereau-Fault-Yonne, c'est-à-dire Montereau où finit l'Yonne.)

2° Le *Loing* prend sa source dans les collines du Nivernais ; passe à **Montargis**, petite ville reliée à **Orléans** par un canal, et se jette dans la Seine entre Montereau et Melun.

3° L'*Eure* prend sa source dans les collines du Perche ; passe à **Chartres**, chef-lieu d'Eure-et-Loir ; à **Ivry**, champ de bataille où Henri IV vainquit les ligueurs ; à **Louviers**, ville importante de l'Eure, et se jette dans la Seine au-dessus d'Elbeuf.

4° La *Rille* prend sa source dans les collines de Normandie ; ne passe dans aucune ville importante, et se jette dans l'estuaire de la Seine.

SOUS-AFFLUENTS

Trois affluents de la *Marne* méritent d'être connus :

L'*Ornain*, parce qu'il passe à **Bar-le-Duc**, chef-lieu de la Meuse, et que sa vallée est un grand chemin ;

L'*Ourcq*, parce qu'il fournit de l'eau à une partie de Paris au moyen d'un canal ;

Le *Petit-Morin*, parce qu'il traverse les célèbres champs de bataille de Montmirail et de Champaubert, où Napoléon tua des Russes et des Prussiens.

L'*Oise* reçoit à gauche un grand affluent, l'*Aisne*.

L'*Aisne* prend sa source dans l'*Argonne* ; coule d'abord vers le nord-ouest, dans le même sens que la Meuse ; se rabat vers l'ouest ; passe à **Soissons**, ville importante de l'Aisne, et se jette dans l'Oise à **Compiègne**. L'Aisne reçoit la *Vesle*, petite rivière qui passe à **Reims**, grande ville de la Marne.

L'Oise ne reçoit à droite qu'un petit affluent, le *Thérain*, qui passe à **Beauvais**, chef-lieu de l'Oise.

L'*Yonne* reçoit des cours d'eau assez abondants qui descendent de la côte d'Or ou du Morvan ; le plus important est l'*Armançon*, dont la vallée fait partie de la route naturelle entre Paris et Lyon par Dijon.

Seul un petit affluent de l'Eure mérite d'être connu : l'*Iton*, parce qu'il passe à **Évreux**, chef-lieu de l'Eure.

Dix-septième leçon

BASSIN DE LA LOIRE

DÉPARTEMENTS DU BASSIN DE LA LOIRE

La *Loire*, qui vient de l'Ardèche, arrose la **Haute-Loire** et la **Loire**, sépare **Saône-et-Loire** de l'**Allier** et la **Nièvre** du **Cher**, puis arrose le **Loiret**, **Loir-et-Cher**, **Indre-et-Loire**, **Maine-et-Loire** et la **Loire-Inférieure**.

Le *Furens* arrose la **Loire**.

La *Nièvre* arrose la **Nièvre**.

La *Maine* arrose **Maine-et-Loire**.

La *Mayenne* arrose la **Mayenne** et **Maine-et-Loire**.

La *Sarthe* arrose l'**Orne**, la **Sarthe** et **Maine-et-Loire**.

L'*Huisne* arrose l'**Orne** et la **Sarthe**.

Le *Loir* arrose **Eure-et-Loir**, **Loir-et-Cher** et la **Sarthe**.

L'*Erdre*, qui vient de **Maine-et-Loire**, arrose la **Loire-Inférieure**.

L'*Allier*, qui vient de la Lozère, arrose la **Haute-Loire**, le **Puy-de-Dôme**, l'**Allier**, puis sépare la **Nièvre** du **Cher**.

Le *Loiret* arrose le **Loiret**.

Le *Cher*, qui vient de la **Creuse**, arrose l'**Allier**, le **Cher**, **Loir-et-Cher** et **Indre-et-Loire**.

L'*Yèvre* arrose le **Cher**.

L'*Indre* arrose l'**Indre** et **Indre-et-Loire**.

La *Vienne*, qui vient de la Corrèze, arrose la **Haute-Vienne**, la **Charente**, la **Vienne** et **Indre-et-Loire**.

La *Creuse* arrose la **Creuse** et l'**Indre** et finit dans **Indre-et-Loire**.

Le *Clain* arrose la **Vienne**.

La *Sèvre-Nantaise* arrose les **Deux-Sèvres**, la **Vendée** et la **Loire-Inférieure**.

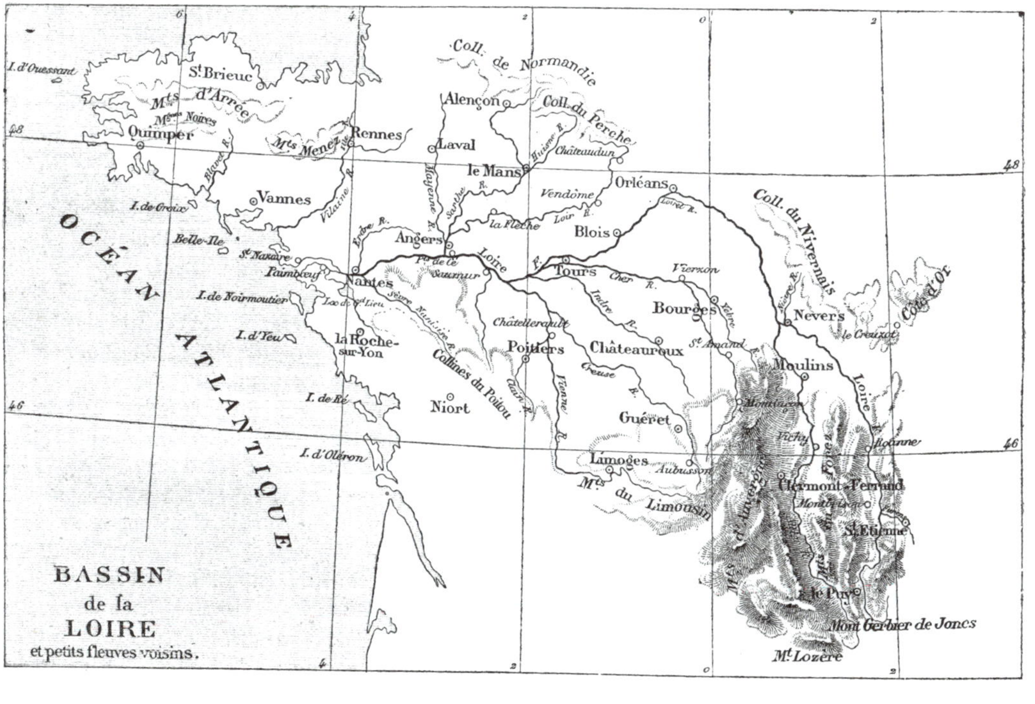

COURS DU FLEUVE

Le cours de la Loire se divise en deux parties : depuis sa source jusqu'à Orléans, elle coule vers le nord-ouest en formant une courbe ; depuis Orléans jusqu'à la mer, elle coule vers l'ouest-sud-ouest.

La *Loire* prend sa source dans les **monts du Vivarais**, au mont **Gerbier-des-Joncs**, à plus de 1 400 mètres de hauteur ; coule d'abord dans une haute vallée, entre les monts du Vivarais, du Lyonnais et du Beaujolais d'une part, les monts du Velay et du Forez d'autre part ; descend d'abord dans la plaine du Forez, la traverse et devient navigable à **Roanne**, seconde ville du département de la Loire, où elle est encore à 280 mètres de hauteur ; passe à **Nevers**, chef-lieu de la Nièvre ; à **Orléans**, chef-lieu du Loiret ; à **Blois**, chef-lieu du Loir-et-Cher ; à **Tours**, chef-lieu d'Indre-et-Loire ; à **Saumur**, ville importante de Maine-et-Loire ; aux **Ponts-de-Cé**, village qui est presque un faubourg d'Angers ; passe à **Nantes**, chef-lieu de la Loire-Inférieure et port considérable. Un peu au-dessous de Nantes, elle devient un estuaire de 4 à 7 kilomètres de large ; sur la rive droite se trouve le grand port de **Saint-Nazaire**.

AFFLUENTS

1. – **La Loire, qui longe longtemps la ceinture de son bassin, ne reçoit à droite** qu'un grand affluent, la *Maine* ; les autres ne sont que des torrents ou de petits cours d'eau dont les plus remarquables sont le *Furens*, la *Nièvre* et l'*Erdre*.

1° Le *Furens* prend sa source à l'extrémité nord des monts du Vivarais, passe à **Saint-Étienne**, chef-lieu de la Loire, et se jette dans la Loire dans la plaine du Forez ; la région qu'il traverse est riche en houille.

2° La *Nièvre* prend sa source dans les collines du Nivernais et se jette à **Nevers**.

3° La *Maine* ou *Mayenne* prend sa source dans les collines de Normandie ; passe à **Laval**, chef-lieu de la Mayenne ; à **Angers**, chef-lieu de Maine-et-Loire.

Les deux mots Mayenne et Maine ne sont que deux formes du même nom : la rivière s'appelle Mayenne depuis sa source jusqu'à la Sarthe, et Maine depuis la Sarthe jusqu'à la Loire, c'est-à-dire sur une longueur de trois lieues seulement.

4° L'*Erdre* prend sa source dans de petites collines, à quelques lieues à l'ouest d'**Angers**, et se jette dans la Loire à **Nantes**.

2. – **La Loire a pour affluents à gauche** l'*Allier*, le *Loiret*, le *Cher*, l'*Indre*, la *Vienne*, la *Sèvre-Nantaise*.

1° L'*Allier* prend sa source à l'extrémité nord des Cévennes, au mont Lozère, tout près de la source du Lot, coule d'abord dans une haute vallée, entre les monts du Velay et du Forez d'une part, les monts de la Margeride et d'Auvergne d'autre part ; passe à **Vichy**, grande ville d'eaux ; à **Moulins**, chef-lieu de l'Allier, et se jette dans la Loire au Bec d'Allier, au-dessous de Nevers.

2° Le *Loiret*, formé par une dérivation souterraine de la Loire, n'est remarquable que par ses sources pittoresques ; il se jette dans la Loire au-dessous d'**Orléans**, après un cours de 11 kilomètres seulement.

3° Le *Cher* prend sa source au nord du plateau de Millevaches ; passe à **Montluçon**, ville importante de l'Allier ; à **Saint-Amand**, centre géométrique de la France ; à **Vierzon**, importante bifurcation de chemins de fer, et se jette dans la Loire au-dessous de **Tours**.

4° L'*Indre* prend sa source au nord du plateau de Millevaches ; passe à **Châteauroux**, chef-lieu de l'Indre, et se jette dans la Loire entre Tours et Saumur.

5° La *Vienne* prend sa source dans le plateau de Millevaches ; coule d'abord vers l'ouest ; passe à **Limoges**, chef-lieu de la Haute-Vienne ; continue de couler vers l'ouest jusqu'à quelques kilomètres de la Charente ; se rabat vers le nord ; passe à **Châtellerault**, ville importante de la Vienne, et se jette dans la Loire au-dessus de Saumur.

6° La *Sèvre-Nantaise* prend sa source dans les collines du Poitou, et se jette dans la Loire à **Nantes**.

SOUS-AFFLUENTS

Parmi les affluents de droite, la *Maine* est le seul qui reçoive un grand affluent : cet affluent est la *Sarthe*, plus abondante que la Mayenne, excepté en temps de crue.

La *Sarthe* prend sa source dans les collines de Normandie ; passe à **Alençon**, chef-lieu de l'Orne ; au **Mans**, chef-lieu de la Sarthe, et se réunit à la Mayenne au-dessus d'Angers, pour former la Maine.

La *Sarthe* reçoit elle-même à gauche deux affluents importants, l'*Huisne* et le *Loir*.

L'*Huisne* prend sa source dans les collines du Perche, et se jette dans la Sarthe au **Mans**. Sa vallée fait partie de la route naturelle entre Paris et l'Océan.

Le *Loir* prend sa source dans les collines du Perche ; passe à **Châteaudun**, petite ville d'Eure-et-Loir, illustrée par son courage en 1870 ; passe à **La Flèche**, seconde ville de la Sarthe, et se jette dans la Sarthe à peu de distance de son embouchure

Parmi les affluents de gauche, le Cher reçoit l'*Yèvre*, petite rivière qu'il faut connaître, parce qu'elle passe à **Bourges**, chef-lieu du Cher, situé sur la méridienne de Paris, au centre géométrique de la France, près de Saint-Amand.

La *Vienne* reçoit deux affluents importants, à droite la *Creuse*, à gauche le *Clain*.

La *Creuse* prend sa source au plateau de Millevaches ; passe à **Aubusson**, la ville la plus importante de la Creuse, et se jette dans la Vienne au-dessus de Châtellerault.

Le *Clain* prend sa source dans les monts du Limousin ; passe à **Poitiers**, chef-lieu de la Vienne, et se jette dans la Vienne au-dessus de Châtellerault. Sa vallée fait partie de la route naturelle entre Paris et Bordeaux.

Remarque. — Les grandes villes et les chefs-lieux du bassin de la Loire sont tous situés sur un de ces cours d'eau, excepté le **Puy**, **Clermont-Ferrand**, **Guéret** et **Le Creusot**.

Le **Puy** est situé près de la *Loire* ; **Clermont-Ferrand** près de l'*Allier*, et **Guéret** près de la Creuse ; le Puy et Clermont possèdent des ruisseaux. **Le Creusot**, immense usine, est situé près du Morvan, dans une région riche en houille.

Dix-huitième leçon

BASSIN DE LA GARONNE

DÉPARTEMENTS DU BASSIN DE LA GARONNE

La Garonne, qui vient d'Espagne, arrose en France la **Haute-Garonne**, **Tarn-et-Garonne**, **Lot-et-Garonne**, la **Gironde**.

La *Gironde* baigne la **Gironde** et la **Charente-Inférieure**.

L'*Ariège* arrose l'**Ariège** et la **Haute-Garonne**.

Le *Tarn* arrose la **Lozère**, l'**Aveyron**, le **Tarn** et **Tarn-et-Garonne**.

L'*Aveyron* arrose l'**Aveyron** et **Tarn-et-Garonne**.

L'*Agout* arrose le **Tarn**.

Le *Lot* arrose la **Lozère**, l'**Aveyron**, le **Lot** et **Lot-et-Garonne**.

La *Truyère*, qui vient de la Lozère, arrose le **Cantal** et l'**Aveyron**.

La *Dordogne*, qui vient du département du Puy-de-Dôme, sépare le **Cantal** de la **Corrèze**, puis arrose la **Corrèze**, le **Lot**, la **Dordogne** et la **Gironde**.

La *Vézère* arrose la **Corrèze** et la **Dordogne**.

La *Corrèze* arrose la **Corrèze**.

L'*Isle*, qui vient de la Haute-Vienne, arrose la **Dordogne** et finit dans la **Gironde**.

Le *Gers*, qui vient des Hautes-Pyrénées, arrose le **Gers** et finit dans **Lot-et-Garonne**.

COURS DU FLEUVE

Le cours de la *Garonne* se divise en deux parties : depuis sa source jusqu'à Toulouse, elle coule vers le nord-est. Depuis Toulouse jusqu'à la mer, elle coule vers le nord-ouest.

La Garonne prend sa source dans les Pyrénées, à peu près à égale distance des deux mers, dans le **massif de la Maladetta**, à près de 1 900 mètres de hauteur ; coule d'abord dans le val d'Aran, qui est territoire espagnol ; entre en France par le défilé du Pont-du-Roi, où elle est encore à 600 mètres au-dessus de la mer ; descend rapidement dans la plaine, où elle n'est bientôt plus qu'à 150 mètres ; passe à **Toulouse**, chef-lieu de la Haute-Garonne ; à **Agen**, chef-lieu de Lot-et-Garonne ; à **Bordeaux**, chef-lieu de la Gironde, et grand port qui peut recevoir de très gros navires.

À peu de distance en aval de Bordeaux, au **Bec d'Ambez**, la Garonne change de nom et s'appelle la *Gironde*. La Gironde est un vaste estuaire : sur la rive droite se trouvent le petit port de **Blaye** et la station de bains de mer de **Royan** ; sur la rive gauche se trouve **Pauillac**, où les plus gros navires s'allègent d'une partie de leur chargement pour remonter jusqu'à Bordeaux.

AFFLUENTS

1. – La Garonne a pour affluents à droite : l'*Ariège*, le *Tarn*, le *Lot*, la *Dordogne*.

1° L'*Ariège* prend sa source dans les Pyrénées, au **col de Puymorens** ; passe à **Foix**, chef-lieu de l'Ariège, et se jette dans la Garonne au-dessus de Toulouse.

2° Le *Tarn* prend sa source dans les Cévennes, au sud du **mont Lozère** ; coule au fond d'un défilé très escarpé, entre le causse de Sauveterre au nord, et le causse Méjean au sud ; descend dans la plaine ; passe à **Albi**, chef-lieu du Tarn ; à **Montauban**, chef-lieu de Tarn-et-Garonne, et se jette dans la Garonne entre Toulouse et Agen.

3° Le *Lot* prend sa source dans les Cévennes, au nord du **mont Lozère**, tout près de la source de l'Allier ; passe à **Mende**, chef-lieu de la Lozère, à plus de 700 mètres d'altitude ; coule au fond d'un défilé, entre les monts d'Aubrac au nord, le causse de Sauveterre et le plateau de Ségala au sud ; descend dans la plaine ; passe près de Decazeville, point situé sur la méridienne de Paris ; passe à **Cahors**, chef-lieu du Lot, et se jette dans la Garonne au-dessous d'Agen.

4° La *Dordogne* prend sa source dans les **monts Dore** ; coule au fond d'un défilé, entre le plateau de Millevaches au nord et le massif du Cantal au sud ; descend dans la plaine ; passe à **Libourne**, petit port où remontent quelques navires, et se jette dans la Garonne au Bec d'Ambez.

La Dordogne, presque aussi longue et aussi abondante que la Garonne, n'arrose aucune grande ville, parce que sa vallée est une impasse, au lieu d'être une grande route.

2. – La Garonne a pour affluents à gauche de nombreux torrents qui descendent des Pyrénées du sud au nord : le principal est le *Gers* qui prend sa source dans le **massif de Lannemezan**, contrefort des Pyrénées ; descend dans la plaine ; passe à **Auch**, chef-lieu du Gers, et se jette dans la Garonne un peu au-dessous d'Agen.

SOUS-AFFLUENTS

Le *Tarn* reçoit à droite l'*Aveyron*, à gauche l'*Agout*.

L'*Aveyron* prend sa source dans le causse de Sauveterre ; traverse le nord du plateau de Ségala ; passe à **Rodez**, chef-lieu de l'Aveyron, et se jette dans le Tarn au-dessous de **Montauban**, près du confluent du Tarn et de la Garonne.

L'*Agout* prend sa source dans l'*Espinouse* ; passe à **Castres**, ville importante du département du Tarn, et se jette dans le Tarn entre Albi et Montauban.

Le *Lot* reçoit à droite un affluent important, la *Truyère*. La *Truyère* prend sa source dans les monts de la Margeride ; coule entre le massif du Cantal au nord et les monts d'Aubrac au sud, et se jette dans le Lot près de Decazeville.

La *Dordogne* reçoit à droite deux affluents importants : la *Vézère* et l'*Isle*.

La *Vézère* prend sa source dans le plateau de Millevaches ; coule entre les monts du Limousin et le plateau de Millevaches ; descend dans la plaine, et se jette dans la Dordogne, à peu près au milieu de son cours ; la Vézère reçoit elle-même, à gauche, la *Corrèze*, qui passe à **Tulle**, chef-lieu de la Corrèze.

L'*Isle* prend sa source dans les monts du Limousin ; descend dans la plaine ; passe à **Périgueux**, chef-lieu de la Dordogne, et se jette dans la Dordogne à Libourne.

Remarque. — Les grandes villes et les chefs-lieux du bassin de la Garonne sont tous situés sur un de ces cours d'eau, excepté **Aurillac** situé sur un sous-affluent de la Dordogne.

Dix-neuvième leçon

BASSIN DU RHÔNE

DÉPARTEMENTS DU BASSIN DU RHÔNE

Le *Rhône*, qui vient de Suisse, sépare d'abord le département de l'**Ain** de ceux de la **Haute-Savoie**, de la **Savoie** et de l'**Isère**, puis, à partir de Lyon, sépare le **Rhône** et la **Loire** de l'**Isère**, l'**Ardèche** de la **Drôme**, le **Gard** de **Vaucluse** et des **Bouches-du-Rhône** (il sert donc de limite sur presque tout son cours).

L'Ain arrose le Jura et l'Ain.

La *Saône*, qui vient du département des Vosges, arrose la **Haute-Saône**, la **Côte-d'Or**, la **Saône-et-Loire**, puis sépare le **Rhône** de l'**Ain**.

Le *Doubs* arrose le **Doubs**, le **Jura**, et finit dans **Saône-et-Loire**.

L'*Ouche* arrose la **Côte-d'Or**.

L'*Ardèche*, qui vient de la Lozère, arrose l'**Ardèche**.

Le *Gard*, qui vient de la Lozère, arrose le **Gard**.

L'*Arve* arrose la **Haute-Savoie** et finit en Suisse près de Genève.

Le *Fier* arrose la **Haute-Savoie**.

La *Leisse* arrose la **Savoie**.

L'*Isère* arrose la **Savoie**, l'**Isère** et la **Drôme**.

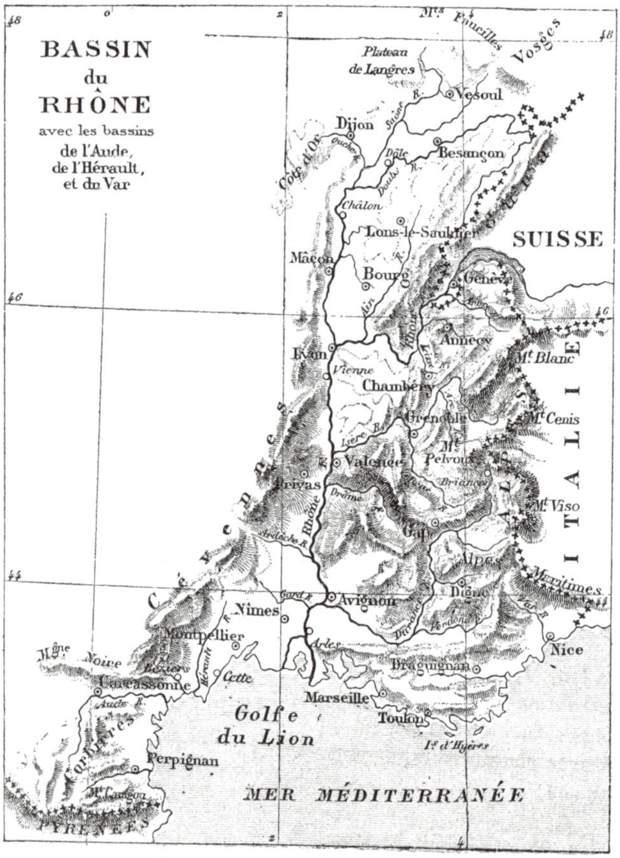

L'*Arc* arrose la **Savoie**.

Le *Drac*, qui vient des Hautes-Alpes, arrose l'**Isère**.

La *Drôme* arrose la **Drôme**.

La *Durance* arrose les **Hautes-Alpes**, les **Basses-Alpes**, puis sépare le **Vaucluse** des **Bouches-du-Rhône**.

Le *Verdon* sépare les **Basses-Alpes** du **Var**.

COURS DU FLEUVE

Le cours du Rhône se divise en deux parties : depuis sa source jusqu'à Lyon, il coule vers le sud-ouest en formant des détours ; depuis Lyon jusqu'à la mer, il coule en ligne droite vers le sud.

Le *Rhône* prend sa source en Suisse, dans les **Alpes**, à 1 800 mètres de hauteur ; coule d'abord dans le Valais, qui est un canton suisse ; qui est encore à 370 mètres, remplit le lac de Genève, au-dessus de la mer ; entre en France un peu en aval du lac de Genève ; se détourne vers le sud en rencontrant le **Jura**, et serpente, profond et rapide, dans d'étroits défilés, entre la base du Jura et les ramifications des Bornes et des Beauges ; reprend la direction de l'ouest, dès qu'il peut se frayer un passage à travers l'extrémité sud du Jura ; descend dans la plaine, où il n'est plus qu'à 200 mètres ; passe à **Lyon**, chef-lieu du Rhône et la plus grande ville de France après Paris ; à **Vienne**, ville historique, qui est encore la seconde ville de l'Isère ; à **Valence**, chef-lieu de la Drôme ; à **Avignon**, chef-lieu de Vaucluse ; à **Arles**, ville importante des Bouches-du-Rhône ; puis se partage en deux bras, le *Petit-Rhône* à l'ouest, le *Grand-Rhône* à l'est : entre les deux se trouve la Camargue, qui est un delta, c'est-à-dire une plaine triangulaire, baignée au sud par la mer, et des deux autres côtés par le Rhône. Le Grand-Rhône a dix-huit fois plus d'eau que le Petit-Rhône.

AFFLUENTS

1. – **Le Rhône, qui longe longtemps la ceinture de son bassin, ne reçoit à droite** qu'un grand affluent, la *Saône* ; les autres ne sont que des torrents ou de petits cours d'eau dont les plus importants sont l'*Ain*, l'*Ardèche* et le *Gard*.

1° L'*Ain* prend sa source dans le **Jura**, au sud du plateau séquanais, coule entre deux plateaux du Jura ; ne passe dans aucune ville importante, et se jette dans le Rhône entre le Grand-Colombier et Lyon.

2° La *Saône*, rivière lente et régulière, prend sa source dans les **monts Faucilles** ; coule vers le sud ; passe à **Chalon**, ville importante de Saône-et-Loire ; passe à **Mâcon**, chef-lieu de Saône-et-Loire, et se jette dans le Rhône à **Lyon**.

3° L'*Ardèche*, torrent rapide, prend sa source dans les **monts du Vivarais** ; coule à travers les montagnes, et se jette dans le Rhône entre Valence et Avignon.

4° Le *Gard* est formé de plusieurs torrents des Cévennes, et se jette dans le Rhône au-dessus d'Arles.

2. – **Le Rhône reçoit à gauche** un grand nombre de rivières et de torrents très abondants qui descendent des Alpes : les principaux de ces affluents sont l'*Arve*, le *Fier*, la *Leisse*, l'*Isère*, la *Drôme* et la *Durance*.

1° L'*Arve*, torrent rapide, prend sa source **au mont Blanc**, coule d'abord dans la vallée de Chamonix ; coule entre les Dranses et les Bornes, et se jette dans le Rhône au-dessous du lac de Genève.

2° Le *Fier*, torrent rapide, prend sa source dans les Bornes, coule entre les Bornes et les Beauges ; reçoit les eaux du lac d'Annecy, et se jette dans le Rhône en face du Grand-Colombier.

3° La *Leisse*, torrent rapide ; passe à **Chambéry**, chef-lieu de la Savoie, entre les Beauges et la Grande-Chartreuse ; remplit le lac du Bourget, et se jette, sous un autre nom, dans le Rhône en face du Grand-Colombier.

4° L'*Isère*, rivière très abondante en tout temps ; prend sa source dans les Alpes Grées, entre le mont Cenis et le Petit-Saint-Bernard ; coule dans la Tarentaise au nord du massif de la Vanoise ; coule ensuite dans la vallée du Grésivaudan entre la chaîne de Belledonne, à l'est, les Beauges et la Grande-Chartreuse, à l'ouest, passe à **Grenoble**, chef-lieu de l'Isère, entre la Grande- Chartreuse et le Vercors ; descend dans la plaine, et se jette dans le Rhône au-dessus de Valence.

5° La *Drôme*, beaucoup plus courte ; prend sa source à l'ouest du Devoluy, et se jette dans le Rhône au-dessous de Valence.

6° La *Durance*, rapide et irrégulière, prend sa source près du col du mont Genèvre ; passe à **Briançon**, place forte ; coule entre les Alpes Cottiennes et le Pelvoux, puis entre les Alpes de Provence et le Dévoluy ; descend dans la plaine, et se jette dans le Rhône au-dessous d'Avignon.

SOUS-AFFLUENTS

Parmi les affluents de droite, la *Saône* est le seul qui reçoive un affluent important : cet affluent est le *Doubs*.

Le Doubs, plus long que la partie de la Saône comprise entre les Faucilles et le confluent du Doubs, prend sa source dans le **Jura**, tout près de la source de l'Ain ; coule vers le nord-est, puis se recourbe vers l'ouest et le sud-ouest, entourant sur trois côtés le plateau séquanais ; passe à **Besançon**, chef-lieu du Doubs ; à **Dole**, ville importante du Jura, et se jette dans la Saône au-dessus de Chalon.

Trois autres affluents de la *Saône* méritent d'être connus : à droite l'*Ouche* ; à gauche le *Durgeon* et la *Reyssouze*.

L'*Ouche*, parce qu'elle passe à **Dijon**, chef-lieu de la Côte-d'Or, et qu'elle fait partie de la route naturelle entre Paris et Lyon.

Le *Durgeon*, parce qu'il passe à **Vesoul**, chef-lieu de la Haute-Saône.

La *Reyssouze*, parce qu'elle passe à **Bourg**, chef-lieu de l'Ain.

Parmi les affluents de gauche, l'*Isère* reçoit de gros torrents, dont les principaux sont l'*Arc* et le *Drac*.

L'*Arc* prend sa source tout près de celle de l'Isère, à 2 800 mètres d'altitude ; coule dans la Maurienne, entre le mont Cenis et le Thabor, au sud, et le massif de la Vanoise, au nord, et se jette dans l'Isère en face des Beauges.

Le *Drac* prend sa source à peu de distance du col Bayard ; coule entre le Pelvoux à droite, le Dévoluy et le Vercors à gauche, et se jette dans l'Isère au-dessous de Grenoble.

La *Durance* reçoit un grand nombre de torrents, parmi lesquels on peut mentionner le *Verdon* et la *Bléone* :

Le *Verdon*, parce qu'il est le plus long.

La *Bléone*, parce qu'elle passe à **Digne**, chef-lieu des Basses-Alpes.

REMARQUE. — Les grandes villes et les chefs-lieux du bassin du Rhône sont tous situés sur un de ces cours d'eau, excepté **Lons-le-Saunier**, **Privas**, **Nîmes** et **Gap**.

Lons-le-Saunier est situé dans le **Jura** ;

Privas, au pied des monts du Vivarais, sur un torrent.

Nîmes, à quelques kilomètres du *Gard*, dans une plaine.

Gap, au débouché du col Bayard, sur un petit torrent.

Vingtième leçon

FRACTIONS DE BASSINS ÉTRANGERS

Les fractions de bassins étrangers sont la partie française du bassin de la *Moselle*, la partie française du bassin de la *Meuse*, et la partie française du bassin de l'*Escaut*. Ces trois bassins sont situés au nord de ceux du Rhône et de la Seine. Le bassin de la Moselle est limité à l'est par les Vosges, à l'ouest par les monts Faucilles, l'Argonne et les Ardennes. Le bassin de la Meuse n'est d'abord que l'étroite vallée de la Meuse, qui traverse l'Argonne et les Ardennes. Le bassin de l'Escaut n'est limité qu'en partie par les Ardennes et par l'Artois ; il n'est séparé et de la vallée de l'Oise par aucune colline importante.

MOSELLE

La *Moselle* prend sa source dans les Vosges, au Ballon d'Alsace ; coule d'abord dans une région très accidentée, entre les Vosges et les monts Faucilles ; passe à **Épinal**, chef-lieu des Vosges ; à **Toul**, grande place forte, à **Pont-à-Mousson**, troisième ville du département de Meurthe-et-Moselle ; sort de France un peu avant d'arriver à **Metz**, grande place forte, aujourd'hui allemande, et va se jeter dans le *Rhin*, grand fleuve qui traverse la Suisse, l'Allemagne et la Hollande.

La *Moselle* reçoit à droite un affluent important, la *Meurthe*.

La *Meurthe* prend sa source dans les Vosges, passe à **Lunéville**, deuxième ville de Meurthe-et-Moselle ; à **Nancy**, chef-lieu de Meurthe-et-Moselle, et se jette dans la Moselle au-dessous de **Toul**.

Départements. La *Moselle* arrose les Vosges et Meurthe-et-Moselle. La *Meurthe* arrose aussi les Vosges et Meurthe-et-Moselle.

MEUSE

La *Meuse* prend sa source entre les monts Faucilles et le plateau de Langres ; coule à travers l'Argonne, dans une étroite vallée, passe à **Verdun**, grande place forte, coule à travers les Ardennes, dans des ravins sinueux et profonds, passe à **Sedan**, champ de bataille de 1870, à **Mézières**, chef-lieu des Ardennes, à **Givet**, place forte ; sort de France immédiatement au-dessous de Givet, traverse la Belgique et la Hollande et va mêler ses bouches à celles du *Rhin*.

La Meuse ne reçoit en France qu'un affluent important, la *Chiers* (prononcez quière). La *Chiers* prend sa source à l'est des Ardennes, suit la frontière belge, passe à **Longwy** et à **Montmédy**, petites places fortes, et se jette dans la Meuse au-dessus de Sedan. La Meuse reçoit en Belgique un autre affluent important, qui vient de France, la *Sambre*.

La *Sambre* prend sa source à peu de distance de celle de l'Oise, dans la plaine qui sépare les Ardennes de l'Artois ; passe à **Maubeuge**, place forte du département du Nord, et sort de France.

Départements. La *Meuse*, qui vient de la Haute-Marne, arrose la Meuse et les Ardennes.

La *Chiers*, qui vient de Meurthe-et-Moselle, arrose la Meuse et les Ardennes (sur de très petites longueurs).

La *Sambre* arrose le Nord.

ESCAUT

L'*Escaut* prend sa source à peu de distance de celles de l'Oise et de la Sambre, passe à **Cambrai**, ville importante du Nord ; à **Denain**, où Villars remporta une grande victoire en 1712 ; à **Valenciennes**, grande place forte, et à **Condé**, qui en est comme un fort détaché ; sort de France, traverse la Belgique et va se jeter dans la mer en Hollande. L'Escaut ne reçoit en France qu'un affluent important, la *Scarpe*.

La *Scarpe* prend sa source dans le plateau de l'Artois ; passe à **Arras**, chef-lieu du Pas-de-Calais ; à **Douai**, ville importante du Nord et place forte, et se jette dans l'Escaut près de Condé.

L'Escaut reçoit en Belgique un autre affluent qui vient de France, la *Lys*.

La *Lys* prend sa source dans le plateau de l'Artois et reçoit elle-même la *Deûle*, petite rivière qui passe à **Lille**, chef-lieu du Nord et grande place forte.

REMARQUE. — Les grandes villes et les chefs-lieux de la région sont tous situés sur un de ces cours d'eau, excepté **Roubaix** et **Tourcoing**, deux villes qui sont presque des faubourgs de Lille.

Départements. L'Escaut arrose le Nord. La Scarpe arrose le Pas-de-Calais et le Nord. La Lys, qui vient du Pas-de-Calais, arrose le Nord.

Vingt-et-unième leçon

FORMATION TERRITORIALE DE LA FRANCE

1. – **La Gaule**. La Gaule était beaucoup plus vaste que la France d'aujourd'hui : elle correspondait à la France, à la Belgique et à la moitié de la Suisse. Elle était divisée en un grand nombre de peuples dont les principaux étaient les Arvernes (Auvergne), les Éduens (Bourgogne), les Séquanes (Franche-Comté), etc. Après avoir été conquise par César, au premier siècle avant J.-C., elle forma pendant cinq siècles une partie de l'Empire romain. Au ve siècle elle fut envahie par les barbares, tels que les Burgondes, les Wisigoths et les Francs, et elle fut morcelée en plusieurs royaumes, qui finirent par se réduire à un seul, le royaume des Francs.

2. – **La France féodale**. Plusieurs fois démembrée et reconstituée, la Gaule fut séparée de toute sa partie orientale par le traité de Verdun, qui lui donnait pour limites à l'est la Meuse, la Saône et le Rhône (843).

En même temps la royauté s'affaiblissait de plus en plus : le duc d'Aquitaine (ancien nom de la Guyenne), le duc de Bourgogne, le comte d'Anjou, le comte de Toulouse, etc., étaient aussi puissants que le roi. Sous les premiers Capétiens, le royaume de France ne se composait guère que de l'Île-de-France et de l'Orléanais (encore ces deux provinces n'appartenaient-elles pas tout entières au roi). Philippe Ier acquit une partie du Berry. Philippe-Auguste confisqua au roi d'Angleterre la Normandie, le Maine, la Touraine et le Poitou ; il acquit en outre les comtés d'Amiens, de Vermandois et de Valois, petits pays de Picardie.

Louis VIII acquit l'Aunis et Philippe III le Languedoc, dont la réunion avait été préparée par saint Louis. Philippe le Bel acquit l'Angoumois, la Champagne et le Lyonnais ; Philippe VI le Dauphiné.

3. – **La guerre de Cent Ans**. Pendant la guerre de Cent Ans, les Anglais, déjà maîtres de la Guyenne et de la Saintonge, s'emparèrent de la Normandie, du Poitou, de l'Aunis, de l'Angoumois et du Limousin ; mais Charles V puis Charles VII rendirent la victoire à la France, si bien que les Anglais perdirent non seulement tout ce qu'ils avaient conquis, mais encore la Saintonge et toute la Guyenne.

4. – **Louis XI**. Louis XI, un des rois qui ont fait la France, acquit six nouvelles provinces, la Picardie, le Berry, le Maine, l'Anjou, la Provence et la Bourgogne. Aucun règne n'a été marqué par d'aussi importantes acquisitions (pas même celui de Louis XIV, pourtant si bien rempli).

5. – **Temps modernes**. Charles VIII et Louis XII ajoutèrent au royaume la Bretagne, le dernier grand fief qui subsistât. François Ier confisqua au connétable de Bourbon le Bourbonnais, l'Auvergne et la Marche. Henri II fit la conquête des Trois Évêchés : Metz, Toul et Verdun, c'est-à-dire d'une partie de la Lorraine. Henri IV réunit à la France ses domaines de roi de Navarre, c'est-à-dire le Béarn, la Gascogne, le comté de Foix et le Limousin ; enfin il conquit la Bresse sur le duc de Savoie.

Sous Louis XIII, pendant la guerre de Trente Ans, la France conquit trois précieuses provinces : l'Alsace, jusqu'alors province autrichienne, le Roussillon et l'Artois, provinces espagnoles.

Louis XIV acheva de donner à la France de bonnes frontières par la conquête de la Flandre et de la Franche-Comté ; il acquit aussi le Nivernais.

Sous Louis XV la France s'agrandit encore de la Lorraine et de la Corse.

6. – **La France en 1789**. Les rois de France, qui avaient eu des commencements si modestes, avaient donc réussi à faire de la France un grand pays, moins vaste que la Gaule sans doute, mais assez étendu pour être l'État le plus peuplé de l'Europe après la Russie.

Il comprenait 36 provinces, dont deux, l'Île-de-France et l'Orléanais, avaient servi comme de noyau à toutes les autres.

Les divisions administratives d'avant 1789 étaient appelées des gouvernements : il y en avait 33, par conséquent trois gouvernements de moins que de provinces, parce que la Gascogne avait été réunie à la Guyenne, la Saintonge à l'Angoumois, la Bresse à la Bourgogne. Chacun des autres gouvernements correspondait à une province.

En outre il y avait sept villes qui formaient de petits gouvernements distincts : Paris, Le Havre, Boulogne, Metz avec Verdun, Toul, Sedan et Saumur.

7. – Les départements. La Révolution de 1789, qui a transformé la France, a supprimé les provinces et établi les départements. Elle ne s'est pas bornée à diviser les grandes provinces en plusieurs morceaux : elle a, autant que possible, donné aux départements d'autres limites que celles des provinces, pour supprimer les anciennes rivalités, fondre entre elles toutes les petites patries et consommer l'unité nationale.

Les vieux noms historiques des provinces ont disparu de la langue administrative. À l'exception de la Corse et de la Savoie, tous les départements empruntent leur nom à la géographie physique.

Les trois quarts ont un nom de cours d'eau ; une douzaine ont un nom de montagne ; quelques-uns ont un nom maritime ; enfin le département des Landes tire son nom de la nature de son sol, et le département du Nord, de sa situation à l'extrémité nord de la France.

8. – Acquisitions depuis 1789. La France, depuis 1789, a acquis trois nouvelles provinces :

1° le Comtat Venaissin ;

2° la Savoie ;

3° le Comté de Nice.

Le Comtat Venaissin a été enlevé au pape pendant la Révolution.

La Savoie et le Comté de Nice nous ont été cédés en 1860 par les Italiens, pour prix du service que nous leur avions rendu en les sauvant des Autrichiens. Mais ils nous en ont gardé en général si peu de reconnaissance, que beaucoup de leurs livres et de leurs atlas représentent ces deux provinces comme italiennes et comme n'appartenant à la France que provisoirement ; ils oublient que les habitants de la Savoie et de l'ancien comté de Nice se sont séparés de l'Italie volontairement, et qu'ils sont aujourd'hui presque tous d'aussi bons Français que les habitants du reste de la France.

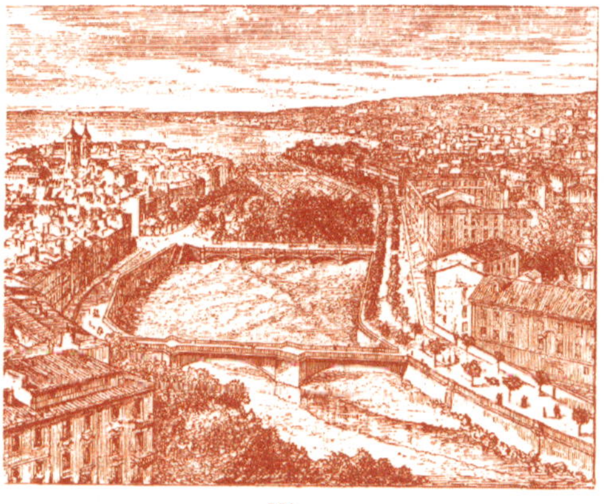

Nice.

9. – Guerre de 1870. La guerre de 1870, terminée par le traité de Francfort (1871), a fait perdre à la France :

1° L'Alsace, moins Belfort ;

2° Le tiers de la Lorraine (Metz).

Ces deux pays si français forment aujourd'hui l'Alsace-Lorraine, qui est soumise à l'empereur d'Allemagne, et les jeunes gens y sont réduits à s'expatrier, à moins de servir dans l'armée allemande à côté des Prussiens.

Vingt-deuxième leçon

LES ANCIENNES PROVINCES

1. – Situation des anciennes provinces. Sur les 36 provinces qui composaient l'ancienne France, 22 touchaient la mer ou les frontières ; 14 étaient plus ou moins centrales. Les 22 provinces qui touchaient la mer ou les frontières étaient :

1° la *Flandre*, sur la frontière du nord et sur la mer du Nord ;

2° l'*Artois*, sur la mer du Nord, à laquelle il ne touche que par un angle ;

3° la *Picardie* sur la Manche et sur la frontière du nord ;

4° la *Normandie* sur la Manche ;

5° la *Bretagne*, sur la Manche et sur l'océan Atlantique ;

6° le *Poitou*, l'*Aunis*, la *Saintonge* et la *Guyenne*, sur l'océan Atlantique ;

7° la *Gascogne*, sur l'Océan et sur la frontière espagnole ;

8° le *Béarn* et le *comté de Foix*, sur la frontière espagnole ;

9° *Roussillon*, sur la frontière espagnole et sur la Méditerranée ;

10° le *Languedoc*, sur la Méditerranée ;

11° la *Provence*, sur la Méditerranée et sur la frontière italienne ;

12° la *Corse*, île de la Méditerranée ;

13° le *Dauphiné*, sur la frontière italienne ;

14° la *Bresse* et la *Franche-Comté*, sur la frontière suisse ;

15° l'*Alsace* et la *Lorraine*, sur la frontière allemande ;

16° la *Champagne*, sur la frontière du nord.

Quatorze ne touchaient pas les limites de la France. Sur ces 14 provinces, une, *l'Île-de-France*, n'était séparée de la frontière du nord que par la Thiérache, qui faisait partie de la Picardie ; une autre, *l'Angoumois*, n'était séparée de la mer que par l'étroite province de Saintonge. Les 12 autres étaient plus ou moins centrales. Quatre d'entre elles étaient situées au centre de la France : le *Berri*, le *Nivernais*, le *Bourbonnais* et la *Marche*. Les 8 dernières étaient situées entre ces 4 provinces centrales et les autres ; c'étaient :

1° l'*Orléanais*, entre le Berri et l'Île-de-France ;

2° la *Touraine*, l'*Anjou* et le *Maine*, entre le Berri et la Bretagne ;

3° le *Limousin*, entre la Manche et la Guyenne ;

4° l'*Auvergne*, qui séparait le Bourbonnais de la Guyenne et du Languedoc ;

5° le *Lyonnais*, entre le Bourbonnais et le Dauphiné ;

6° la *Bourgogne*, qui séparait le Nivernais de la Champagne et de la Franche-Comté.

Remarques. —

1° Ces provinces étaient loin d'être égales par l'étendue : l'Aunis, le Comté de Foix étaient les plus petites ; le Languedoc, la Guyenne, la Bretagne, la Champagne étaient les plus grandes.

2° Les provinces traversées par la méridienne de Paris sont la Flandre, l'Artois, la Picardie, l'Île-de-France, l'Orléanais, le Berri, la Marche, l'Auvergne, la Guyenne, le Languedoc et le Roussillon (sans compter le Bourbonnais et le Limousin, dont la méridienne ne traverse qu'un angle).

2. – Capitales. Chacune de ces provinces avait une capitale.

La Flandre	Lille
L'Artois	Arras
La Picardie	Amiens
La Normandie	Rouen
La Bretagne	Rennes
Le Poitou	Poitiers
L'Aunis	La Rochelle
La Saintonge	Saintes
La Guyenne	Bordeaux
La Gascogne	Auch

Le Béarn	Pau
Le Comté de Foix	Foix
Le Roussillon	Perpignan
Le Languedoc	Toulouse
La Provence	Aix
La Corse	Bastia
Le Dauphiné	Grenoble
La Bresse	Bourg
La Franche-Comté	Besançon
L'Alsace	Strasbourg
La Lorraine	Nancy
La Champagne	Troyes
L'Île-de-France	Paris
L'Orléanais	Orléans
Le Maine	Le Mans
L'Anjou	Angers
La Touraine	Tours
Le Berry	Bourges
Le Bourbonnais	Moulins
Le Nivernais	Nevers
La Bourgogne	Dijon
Le Lyonnais	Lyon
L'Auvergne	Clermont- Ferrand
Le Limousin	Limoges
La Marche	Guéret
L'Angoumois	Angoulême

Remarque. — Beaucoup de personnes ont l'habitude de dire encore : Bourg en Bresse (prononcez Bourk en Bresse). Aix en Provence. On disait aussi : Lille en Flandre ; Troyes en Champagne ; Tours en Touraine ; Bourges en Berri (sans prononcer les s.)

3. – Régions naturelles. La plupart des provinces correspondaient à des régions naturelles : par exemple l'Île-de-France est une plaine légèrement accidentée dont le centre est Paris, entre les embouchures de la Marne et de l'Oise ; la Normandie est un pays riche en pâturages et en vergers (elle a « les vaches et les pommes ») ; la Guyenne est la partie centrale du bassin de la Garonne ; la Bresse est une plaine marécageuse, la Flandre une plaine basse bien délimitée au Sud ; l'Alsace est le pays compris entre les Vosges et le Rhin ; la Bretagne est une presqu'île, la Corse une île, etc. Il est donc nécessaire de connaître les anciennes provinces, parce qu'elles représentent encore pour nous des régions bien délimitées.

4. – Souvenirs historiques. Il est nécessaire aussi de les connaître, parce qu'elles ont formé l'ancienne France à laquelle un lien fort nous rattache, et qu'elles nous rappellent souvent des souvenirs chers et glorieux. Les Français d'aujourd'hui sont avant tout des Français, et nous n'avons tous qu'une grande patrie, la France ; mais quel est le Breton, le Corse ou le Lorrain, qui renierait sa petite patrie bretonne, corse ou lorraine ?

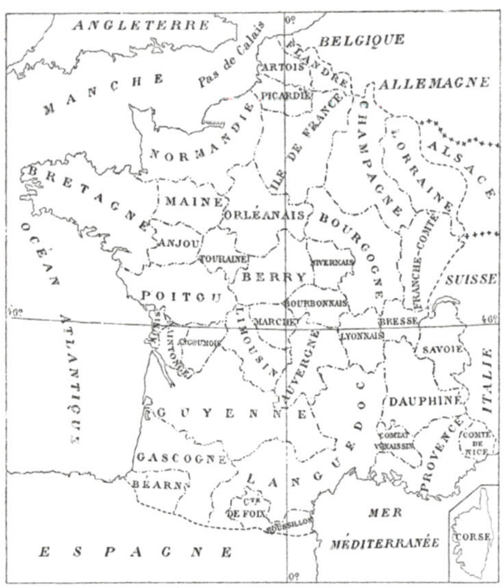

Vingt-troisième leçon

CONCORDANCE ENTRE LES PROVINCES ET LES DÉPARTEMENTS

PRÉLIMINAIRES. — Les départements ne sont pas tous des subdivisions exactes des provinces ; par exemple l'Aisne est formé d'une partie de l'Île-de-France (Laon, Soissons, etc.), d'une partie de la Picardie (la Thiérache et le Vermandois) et d'une petite partie de la Champagne (Château-Thierry) ; le Pas-de-Calais comprend non seulement l'Artois, mais encore une partie de la Picardie (Boulogne) ; Seine-et-Marne est formé d'une partie de l'Île-de-France, et d'une partie de la Champagne (la Brie) ; l'Yonne, qui compte comme étant formé de la Bourgogne, parce qu'Auxerre était ville bourguignonne, ne doit pas plus à la Bourgogne qu'à la Champagne ; il en est de même de la Haute-Garonne, qui appartient à la Guyenne autant qu'au Languedoc ; les Alpes-Maritimes renferment non seulement le Comté de Nice, mais encore l'arrondissement de Grasse, de sorte que le Var ne coule plus dans le département du Var. Cependant on peut dire, pour simplifier, que tout département correspond à une ancienne province, sinon en entier, du moins pour la plus grande partie de son territoire, et l'on peut dresser le tableau suivant, qui montre la concordance des anciennes provinces et des départements.

Provinces de l'Est

PROVINCE	DÉPARTEMENT	CHEF-LIEU
Champagne	Haute-Marne	*Chaumont*
	Marne	*Châlons*
	Aube	*Troyes*
	Ardennes	*Mézières*
Lorraine	Vosges	*Épinal*
	Meurthe-et-Moselle	*Nancy*
	Meuse	*Bar-le-Duc*
Franche-Comté	Jura	*Lons-le-Saunier*
	Doubs	*Besançon*
	Haute-Saône	*Vesoul*
Bourgogne	Yonne	*Auxerre*
	Côte-d'Or	*Dijon*
	Saône-et-Loire	*Mâcon*

Île-de-France

PROVINCE	DÉPARTEMENT	CHEF-LIEU
Île-de-France	Seine	*Paris*
	Seine-et-Oise	*Versailles*
	Oise	*Beauvais*
	Aisne	*Laon*
	Seine-et-Marne	*Melun*

Provinces du Nord

PROVINCE	DÉPARTEMENT	CHEF-LIEU
Flandre	Nord	*Lille*
Artois	Pas-de-Calais	*Arras*
Picardie	Somme	*Amiens*

Provinces du Centre

PROVINCE	DÉPARTEMENT	CHEF-LIEU
Orléanais	Loiret	*Orléans*
	Eure-et-Loir	*Chartres*
	Loir-et-Cher	*Blois*
Touraine	Indre-et-Loire	*Tours*
Berry	L'Indre	*Châteauroux*
	Cher	*Bourges*
Nivernais	Nièvre	*Nevers*
Bourbonnais	Allier	*Moulins*
Marche	Creuse	*Guéret*
Limousin	Corrèze	*Tulle*
	Haute-Vienne	*Limoges*
Auvergne	Puy-de-Dôme	*Clermont-Ferrand*
	Cantal	*Aurillac*
Lyonnais	Rhône	*Lyon*
	Loire	*Saint-Étienne*

Provinces du Sud-Est

PROVINCE	DÉPARTEMENT	CHEF-LIEU
Bresse	Ain	*Bourg*
Savoie	Savoie	*Chambéry*
	Haute-Savoie	*Annecy*
Dauphiné	Hautes-Alpes	*Gap*
	Drôme	*Valence*
	Isère	*Grenoble*
Comtat Venaissin	Vaucluse	*Avignon*
Provence	Bouches-du-Rhône	*Marseille*
	Var	*Draguignan*
	Basses-Alpes	*Digne*
Comté de Nice	Alpes-Maritimes	*Nice*
Corse	Corse	*Ajaccio*

Provinces du Sud-Ouest

PROVINCE	DÉPARTEMENT	CHEF-LIEU
Béarn	Basses-Pyrénées	*Pau*
Gascogne	Landes	*Mont-de-Marsan*
	Gers	*Auch*
	Hautes-Pyrénées	*Tarbes*
Guyenne	Gironde	*Bordeaux*
	Dordogne	*Périgueux*
	Lot-et-Garonne	*Agen*
	Lot	*Cahors*
	Tarn-et-Garonne	*Montauban*
	Aveyron	*Rodez*
Angoumois	Charente	*Angoulême*
Aunis et la Saintonge	Charente-Inférieure	*La Rochelle*

Provinces du Midi

PROVINCE	DÉPARTEMENT	CHEF-LIEU
Roussillon	Pyrénées-Orientales	*Perpignan*
Comté de Foix	Ariège	*Foix*
Languedoc	Aude	*Carcassonne*
	Hérault	*Montpellier*
	Gard	*Nîmes*
	Ardèche	*Privas*
	Haute-Loire	*Puy*
	Lozère	*Mende*
	Tarn	*Albi*
	Haute-Garonne	*Toulouse*

Provinces de l'Ouest

PROVINCE	DÉPARTEMENT	CHEF-LIEU
Bretagne	Ille-et-Vilaine	*Rennes*
	Côtes-du-Nord	*Saint-Brieuc*
	Finistère	*Quimper*
	Morbihan	*Vannes*
	Loire-Inférieure	*Nantes*
Poitou	Vendée	*Roche-sur-Yon*
	Deux-Sèvres	*Niort*
	Vienne	*Poitiers*
Anjou	Maine-et-Loire	*Angers*
Maine	Sarthe	*Le Mans*
	Mayenne	*Laval*
Normandie	Seine-Inférieure	*Rouen*
	Eure	*Evreux*
	Orne	*Alençon*
	Calvados	*Caen*
	Manche	*Saint-Lô*

REMARQUE. — Les capitales des anciennes provinces sont presque toutes devenues des chefs-lieux de départements. Trois capitales seulement ne sont pas devenues des chefs-lieux : Saintes, Aix, Bastia.

Vingt-quatrième leçon

VILLES

RÉGION DE PARIS

Paris, capitale de la France, est aussi la première ville par son industrie, par son commerce, par son rôle dans l'histoire, par ses savants, par ses écrivains, par ses artistes. Sa population est de 2 300 000 habitants, dans l'intérieur des fortifications ; le département de la Seine, c'est-à-dire Paris et sa banlieue, a 3 millions d'habitants ; plusieurs communes de la banlieue sont de véritables villes.

Saint-Denis, la plus importante de ces villes, a plus de 45 000 habitants ; c'est une ville d'industrie et une ville historique ; on y remarque l'abbaye qui servait de sépulture aux rois de France.

Versailles est le chef-lieu de Seine-et-Oise, mais c'est encore une sorte de grand faubourg de Paris, qui n'en est éloigné que de trois lieues ; c'est l'ancienne ville de Louis XIV, avec son palais, son parc, ses avenues et ses casernes.

Paris, Versailles, Saint-Denis et toutes les approches de Paris, c'est-à-dire tout le département de la Seine, et une partie des départements de Seine-et-Oise et de Seine-et-Marne, forment un immense camp retranché, défendu par deux lignes de forts détachés, sans compter l'enceinte continue de Paris.

La région qui entoure l'énorme agglomération de Paris, Versailles et Saint-Denis, est une de celles où les villes sont le moins nombreuses et le moins importantes : il faut aller jusqu'à Rouen, Amiens, Saint-Quentin, Reims, Troyes, Orléans pour trouver de grandes villes, et l'on peut remarquer que Paris est à peu près à la même distance de chacune d'elles comme s'il leur avait défendu d'approcher plus près de lui.

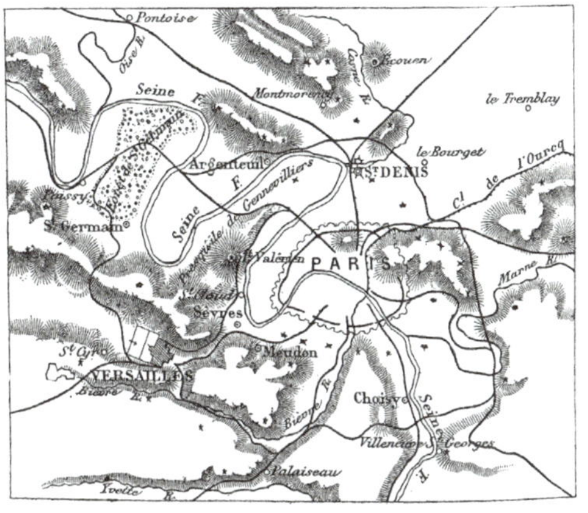

Environs de Paris.

Chartres, **Melun**, **Beauvais** ne sont que des villes peu importantes. Les principaux points remarquables sont des villes historiques, c'est-à-dire qui ont joué un rôle considérable dans l'histoire, et qui en ont gardé quelque importance : **Sens**, dans l'Yonne, **Soissons** et **Laon** dans l'Aisne ; ou d'anciens châteaux royaux ou princiers, dont plusieurs ont donné naissance à des villes : **Fontainebleau**, aussi important que Melun, dans Seine-et-Marne ; **Saint-Germain**, seconde ville de Seine-et-Oise ; **Compiègne**, seconde ville de l'Oise. **Chantilly**, bourg de l'Oise, ancienne résidence des Condés. Chacun de ces châteaux est environné d'un parc et d'une forêt.

RÉGION DE L'OUEST

La région de l'Ouest a peu de villes d'industrie, mais c'est la plus riche en ports. Ce sont en *Normandie* :

Dieppe, un des grands ports de France, bien qu'il n'y ait pas 30 000 habitants.

Le Havre (Seine-Inférieure), au 10e rang par sa population (106 000 h.), second port de commerce de France ; place forte.

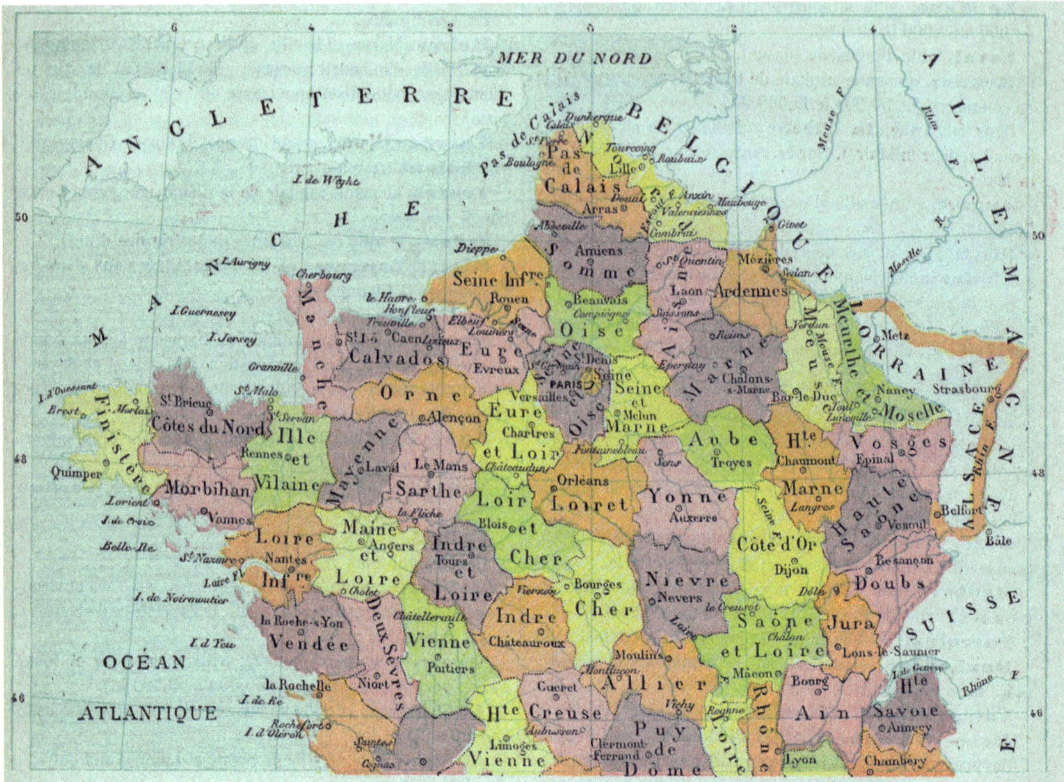

Rouen, 9e ville de France par sa population (110 000 h.), grande ville d'industrie et grand port.

Honfleur (Calvados), port assez important.

Caen, sur l'Orne, port de commerce et ville scientifique.

Cherbourg (Manche), première ville de la Manche, troisième port de guerre et place forte.

Granville, 2e ville de la Manche, port assez important.

En *Bretagne* :

Saint-Malo avec **Saint-Servan**, 2e ville d'Ille-et-Vilaine.

Morlaix, 2e ville du Finistère, port assez important.

Brest, 1re ville du Finistère, second port de guerre de France (le 1er est Toulon) ; place forte.

Lorient, la 1re ville du Morbihan, quatrième port de guerre ; place forte.

Saint-Nazaire, 2e ville de Loire-Inférieure, grand port.

Nantes, 7e ville de France par sa population (140 000 h.), grande ville de commerce, grand port bien qu'inférieur à Saint-Nazaire.

Les autres villes importantes de la région de l'Ouest sont :

En *Normandie* :

Lisieux, 2e ville du Calvados, ville d'industrie (draps), et grand marché de bestiaux.

Trouville (Calvados), petit port, mais ville de bains fréquentée.

Sur la *route de Paris à Brest* :

Le Mans, ville d'industrie agricoles.

Laval, ville d'industrie (tissus).

Rennes, ancienne capitale de la Bretagne, grande ville de commerce.

Dans la *Sarthe* :

La Flèche, 2e ville du département (grand collège militaire).

Sur la *route de Paris à l'Océan par le Mans* :

Angers, grande ville d'industrie (filatures).

Dans le même département de *Maine-et-Loire* :

Cholet industrie (mouchoirs) et Saumur (commerce).

Sur la route de *Paris à Bordeaux* :

Châtellerault, 2e ville de la Vienne, ville d'industrie (armes et couteaux).

Poitiers, ville historique et scientifique.

RÉGION DU NORD

La région du Nord a de grands ports elle aussi, mais elle se distingue surtout par ses nombreuses villes d'industrie (la houille y est à bon marché), et par ses places fortes. Le département du Nord est celui qui compte le plus de villes importantes :

Lille, 5e ville de France par sa population (180 000 h.), grande ville d'industrie (tissus) et grande place forte.

Roubaix, qui s'accroît rapidement au point d'être devenue la 12e ville de France par sa population (tissus).

Tourcoing, près de Lille, comme Roubaix (tissus).

Dunkerque, quatrième port de commerce de France place forte importante.

Valenciennes, avec son faubourg Anzin.

Douai et **Cambrai**, villes d'industrie.

Dans le département du *Pas-de-Calais* :

Calais (avec son faubourg Saint-Pierre), simple chef-lieu de canton, mais grand port de commerce et grande ville d'industrie (tulle) ; ville historique (les bourgeois de Calais, 1347), et place forte.

Boulogne, grand port de commerce et place forte.

Arras, 3e ville du département, bien que chef-lieu ; grand marché de grains.

Dans l'*Aisne* :

Saint-Quentin, ville d'industrie.

Dans la *Somme* :

Amiens, grande ville d'industrie (tissus).

Abbeville, 2e ville de la Somme (industrie).

RÉGION DE L'EST

La région de l'Est renferme quelques grandes villes d'industrie et de commerce, et beaucoup de villes fortes.

En *Champagne* :

Reims (Marne), 11e ville de France par sa population, grande ville d'industrie (tissus) ; grand entrepôt de vins de Champagne ; ville historique (sacre des rois), et grande place forte.

Epernay (Marne), grand entrepôt de vins de Champagne.

Troyes, ancienne capitale de la Champagne, grand marché de bonneterie.

Sedan, 2e ville des Ardennes (industrie des draps).

Civet et **Langres**, places fortes, situées aux deux extrémités de la Champagne.

En *Lorraine* :

Nancy, dont la population s'est beaucoup accrue depuis la guerre, surtout par l'immigration d'Alsaciens et de Lorrains ; ville commerçante, industrielle, scientifique ; ville historique; non fortifiée et très exposée à l'invasion.

Lunéville, une des plus importantes garnisons de la frontière.

Toul, grande place forte.

Verdun, grande place forte, ville historique.

Épinal, grande place forte.

Dans ce qui nous reste de l'*Alsace* :

Belfort, grande place forte, qui forme avec ses environs une division administrative distincte, le Territoire de Belfort.

En *Bourgogne* :

Dijon, ville de commerce, ville scientifique et historique, grande place forte.

Le Creusot, 1re ville de Saône-et-Loire ; immense usine qui travaille le fer.

Chalon, seconde ville de Saône-et-Loire, grand entrepôt de vins de Bourgogne.

Mâcon, chef-lieu du département, grand entrepôt de vins.

En *Franche-Comté* :

Besançon, ville d'industrie (horlogerie) et grande place forte.

Dole, 1re ville du Jura (grandes scieries).

Vingt-cinquième leçon

VILLES *(suite)*

RÉGION DU CENTRE

La plupart des villes de la région du Centre doivent leur importance à leur situation sur les routes naturelles de la France.

Sur la route de *Paris à l'Océan*, qui fait partie jusqu'à Tours du chemin de ronde de la France, **Orléans**, ville de commerce et ville historique (Jeanne d'Arc) ;

Blois, ville de commerce et ville historique (Château de Blois) ;

Tours, une des villes dont le séjour est le plus agréable.

Entre Chartres et Blois se trouve **Châteaudun**, ville historique (héroïque défense en 1870).

Sur la route directe de *Paris à Toulouse* (qui se détache de la précédente à Orléans) :

Vierzon, 2e ville du Cher, ville d'industrie (porcelaines), et importante bifurcation de chemins de fer.

Châteauroux, **Limoges**, grandes villes d'industrie, porcelaines.

Sur les *bords du grand massif* :

Aubusson, 1re ville de la Creuse, ville d'industrie (tapis) et **Montluçon**, 1re ville de l'Allier, ville d'industrie (glaces).

Sur la route de *Paris au Massif central* :

Bourges, au centre géométrique de la France, mais en dehors des grandes routes, ville importante surtout par ses grands établissements militaires (arsenal, fonderie, magasins) ; ville historique (cathédrale, palais de Jacques Cœur) ;

Nevers, ville de commerce et ville historique (palais ducal) ;

Moulins ;

Vichy (Allier), grande ville d'eaux ;

Clermont-Ferrand, la ville la plus complète du centre de la France (à la fois industrielle, commerçante, scientifique).

Sur la route de *Paris à la Méditerranée par le Bourbonnais* :

Roanne, 2e ville de la Loire, ville de commerce ;

Saint-Étienne, 8e ville de France par sa population, grande ville d'industrie (rubans et armes).

Sur la route de *Paris à la Méditerranée par la Bourgogne* (qui fait partie du chemin de ronde) :

Lyon, la 2e ville de France par sa population (380 000 h.) ; grande ville d'industrie (soieries), et grande place forte.

RÉGION DU SUD-EST

La grande ville de la région du Sud-Est est **Marseille**, au 3e rang par sa population (360 000 h.), 1er port de France, 5e port du monde. Toutes les autres villes importantes, excepté une, sont situées les unes sur la route de Paris à la Méditerranée, qui fait partie jusqu'à Avignon du chemin de ronde de la France, les autres sur la mer, comme Marseille.

Ce sont, entre *Lyon et Marseille* :

Vienne, 2e ville de l'Isère, ville de commerce (draps) ;

Valence ;

Port de Marseille.

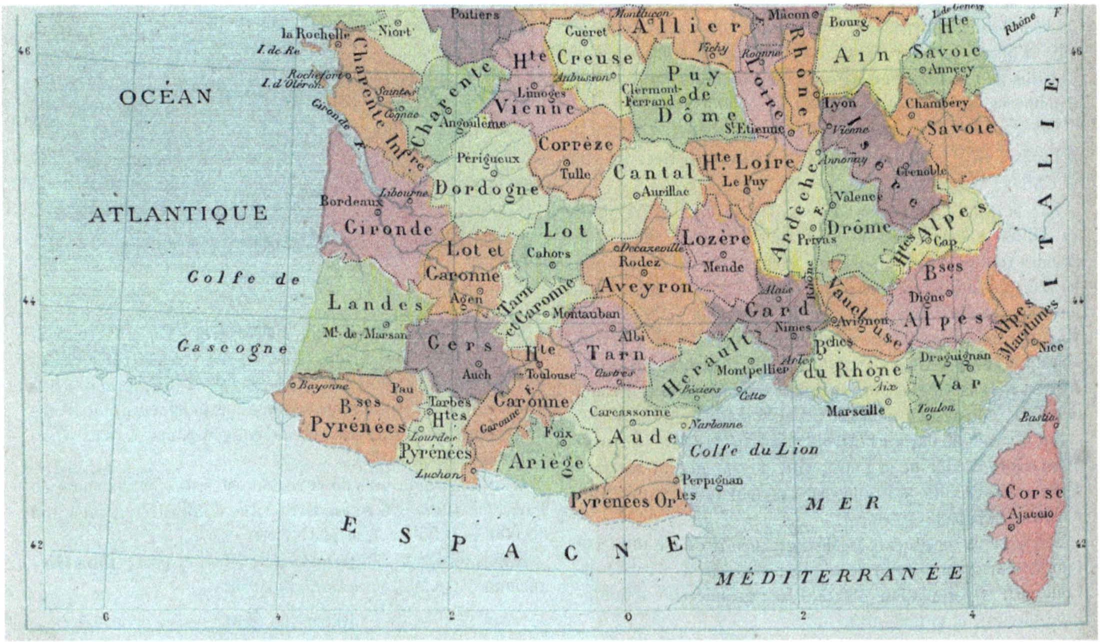

Avignon, ville d'industrie et ville historique (palais des papes) ;

Arles, 3e ville des Bouches-du-Rhône, ville de commerce (denrées) ;

Aix, 2e ville des Bouches-du-Rhône, ancienne capitale de la Provence, ville historique et scientifique.

Entre *Marseille et l'Italie* :

Toulon (Var), 1er port de guerre, en relation surtout avec l'Algérie et l'extrême Orient, place forte ;

Nice, grande ville d'hiver, dont la population augmente rapidement, tant le climat y attire d'étrangers et de commerçants à leur suite (70 000 hab. en hiver).

L'autre grande ville de la région est située sur la *route de Paris en Italie* :

Grenoble, ville d'industrie (gants) , et place forte.

Enfin, en *Corse* : **Ajaccio**, chef-lieu et port ; **Bastia**, ancienne capitale, port assez important.

RÉGION DU MIDI (MIDI PROPREMENT DIT)

La grande ville du Midi est **Toulouse**, 6e ville de France par sa population (140 000 h.), grande ville de commerce (grand entrepôt de denrées). La plupart des autres villes importantes sont situées, comme Toulouse, sur le chemin de ronde de la France.

Carcassonne, **Narbonne**, 2e ville de l'Aude, **Béziers** (Hérault), villes de commerce, grands entrepôts de vins du Midi.

Cette (Hérault), grand port de commerce.

Montpellier, grande ville de commerce et ville scientifique.

Nîmes, grande ville d'industrie.

Une ville se trouve sur la *route d'Espagne*, qui s'embranche sur le grand chemin de ronde : **Perpignan**, ville de commerce, grand entrepôt de vins et place forte.

Les autres villes sont des villes d'industrie qui doivent leur importance à des causes particulières (par exemple, à l'abondance de la houille).

Castres, 1re ville du Tarn (industrie des draps).

Decazeville et **Aubin** (Aveyron), mines et usines.

Alais, seconde ville du Gard (industrie).

Annonay, 1re ville de l'Ardèche, ville d'industrie (peaux et papier).

RÉGION DU SUD-OUEST

La grande ville du Sud-Ouest est **Bordeaux**, 4e ville par sa population (220 000 h.), 3e port de France, grand entrepôt de vins. Plusieurs villes sont situées, comme Bordeaux, sur le chemin de ronde de la France.

Sur la *route de Paris à Bordeaux* :

Angoulême, ville d'industrie (papier).

Libourne, 2e ville de la Gironde (commerce des vins), entre Bordeaux et Toulouse.

Agen, **Montauban**.

Une seule ville importante est située *sur la mer* : **La Rochelle**.

Plusieurs villes sont situées *sur la Charente*, entre Angoulême et La Rochelle :

Cognac, 2e ville de la Charente, grand entrepôt d'eaux-de-vie ;

Saintes (Charente-Inférieure), ancienne capitale de la Saintonge ;

Rochefort, 1re ville de la Charente-Inférieure, 5e port de guerre.

Une ville est située sur la *route directe de Paris à Toulouse* : **Périgueux**.

Une ville sur la grande *route d'Espagne* : **Bayonne**, 2e ville des Basses-Pyrénées, port assez important.

Enfin plusieurs villes sont situées près des *Pyrénées* :

Tarbes,

Pau, ville historique (Henri IV), une des villes dont le séjour est le plus agréable,

Luchon (Haute-Garonne), grande ville d'eaux,

Lourdes (Hautes-Pyrénées), lieu de pèlerinage.

Vingt-sixième leçon

POPULATION

1. – Population. Dix villes ont plus de 100 000 habitants : Paris, Lyon, Marseille, Bordeaux, Lille, Toulouse, Nantes, Saint-Étienne, Rouen et Le Havre.

Vingt villes ont de 50 000 à 100 000 habitants ; vingt autres en ont de 30 000 à 50 000. Les grandes villes sont surtout des villes d'industrie et des ports. La population totale de la France, d'après le recensement de 1886, est de 38 millions 200 000 habitants ; elle augmente d'environ 100 000 habitants par an (38 millions 400 000 en 1888).

La population des grandes villes augmente rapidement : en cinq ans, de 1876 à 1881, Paris a augmenté de 237 000 habitants, c'est-à-dire d'une population qui dépasse celle de Bordeaux. L'accroissement semble devoir continuer, et il est probable qu'à la fin du siècle Paris atteindra les trois millions, Marseille et Lyon le demi-million.

La population du reste de la France, c'est-à-dire des petites villes et des campagnes réunies, n'augmente presque pas. Il y a même certains pays qui se dépeuplent.

2. – Chefs-lieux. Parmi les grandes villes, beaucoup ne sont pas des chefs-lieux ; autrement dit elles ne sont que sous-préfectures, comme Le Havre, Reims, Toulon, Brest, etc., ou même chefs-lieux de canton, comme Roubaix, Tourcoing, Calais, Cette.

Plusieurs de ces villes sont beaucoup plus importantes que le chef-lieu du département dont elles font partie ; par exemple :

Reims	beaucoup plus important que	**Châlons**
Toulon	—	**Draguignan**
Brest	—	**Quimper**
Saint-Quentin	—	**Laon**
Boulogne	—	**Arras**
Lorient	—	**Vannes**
Cherbourg	—	**Saint-Lô**

Certains chefs-lieux ne sont que la 3e ville du département, par exemple :

Mâcon inférieur au **Creusot** et à **Chalon** ;
Saint-Lô inférieur à **Cherbourg** et à **Granville** ;
Quimper inférieur à **Brest** et à **Morlaix**, etc...

Ceux qui ont le moins d'importance sont la **Roche-sur-Yon**, **Mont-de-Marsan**, **Vesoul**, et surtout quelques chefs-lieux de départements montagneux : **Foix**, **Digne**, **Gap**, **Mende**, **Guéret**, petites villes qui n'ont pas plus de 6 000 à 10 000 habitants.

3. – Chemin de ronde. Un tiers des grandes villes sont situées exactement sur le « chemin de ronde » de la France. Si l'on se rappelle que la *Seine*, la *Loire*, la *Charente*, la *Garonne*, la *côte du Languedoc*, le *Rhône* et la *Saône* forment autour du Massif central une espèce de chemin de ronde, on est frappé du grand nombre de villes qui s'y trouvent. Ce sont : **Paris** avec **Versailles** et **Saint-Denis**, qui en sont comme les faubourgs ; **Orléans**, **Blois**, **Tours**, **Châtellerault**, **Poitiers**, **Angoulême**, **Libourne**, **Bordeaux**, **Agen**, **Toulouse**, **Carcassonne**, **Béziers**, **Cette**, **Montpellier**, **Nîmes**, **Avignon**, **Valence**, **Lyon**, **Mâcon**, **Chalon**, **Dijon**, **Troyes**, **Sens**.

Ces villes, disposées en cercle autour du Massif central, ne sont séparées les unes des autres par aucune barrière; elles communiquent facilement les unes avec les autres par de belles routes, par des chemins de fer à grande vitesse ; beaucoup sont jointes par des rivières ou par des canaux, qui sont le moyen de transport le moins coûteux pour les marchandises lourdes.

Sans doute ces canaux, ces chemins de fer et ces routes ont été faits pour unir les villes, mais les villes sont devenues ce qu'elles sont parce qu'elles étaient situées sur une grande route naturelle, où l'homme n'avait qu'à compléter l'œuvre de la nature. En un mot le « chemin de ronde » de la France est très peuplé : il renferme le tiers des grandes villes et un très grand nombre de villes moindres, de bourgs et de villages.

On peut remarquer que la distance est la même (25 ou 30 lieues), de Paris à Orléans, d'Orléans à Tours, de Tours à Poitiers, de Poitiers à Angoulême, d'Angoulême à Bordeaux, de Bordeaux à Agen, d'Agen à Toulouse.

Les villes sont plus rapprochées entre Béziers et Avignon, parce que cette région est à la fois sur la mer et sur le chemin de ronde ; il y a donc deux raisons pour qu'elle soit très peuplée.

La plupart des autres grandes villes sont situées, comme on l'a vu, sur des routes naturelles : les villes ne sont pas placées au hasard et leur importance s'explique par leur situation.

4. – Chefs-lieux de corps de l'armée. La France est divisée en 18 régions militaires, qui ont pour chef-lieu une grande ville.

Région militaire	Chef-lieu
1re	Lille
2e	Amiens
3e	Rouen
4e	Le Mans
5e	Orléans
6e	Châlons
7e	Besançon
8e	Bourges
9e	Tours
10e	Rennes
11e	Nantes
12e	Limoges
13e	Clermont-Ferrand
14e	Grenoble
15e	Marseille
16e	Montpellier
17e	Toulouse
18e	Bordeaux

Paris et Lyon forment deux gouvernements militaires distincts.

Dans chaque région est établi un corps d'armée.

5. – Cours d'appel. On compte 26 cours d'appel ; celle de Paris est la plus importante.

Nord	Amiens, Douai
Est	Nancy, Dijon, Besançon
Ouest	Rouen, Caen, Rennes, Angers, Poitiers
Centre	Orléans, Bourges, Limoges, Riom, Lyon
Sud-Ouest	Bordeaux, Agen, Pau
Île-de-France	Paris
Sud	Toulouse, Montpellier, Nîmes
Sud-Est	Chambéry, Grenoble, Aix, Bastia

6. – Académie. Pour l'instruction publique, la France est divisée en 16 académies : celle de Paris est la plus importante.

Île-de-France	Paris
Nord	Douai
Ouest	Caen, Rennes, Poitiers
Centre	Clermont-Ferrand, Lyon
Est	Nancy, Dijon, Besançon
Sud-Est	Chambéry, Grenoble, Aix
Sud-Ouest	Bordeaux
Sud	Toulouse, Montpellier

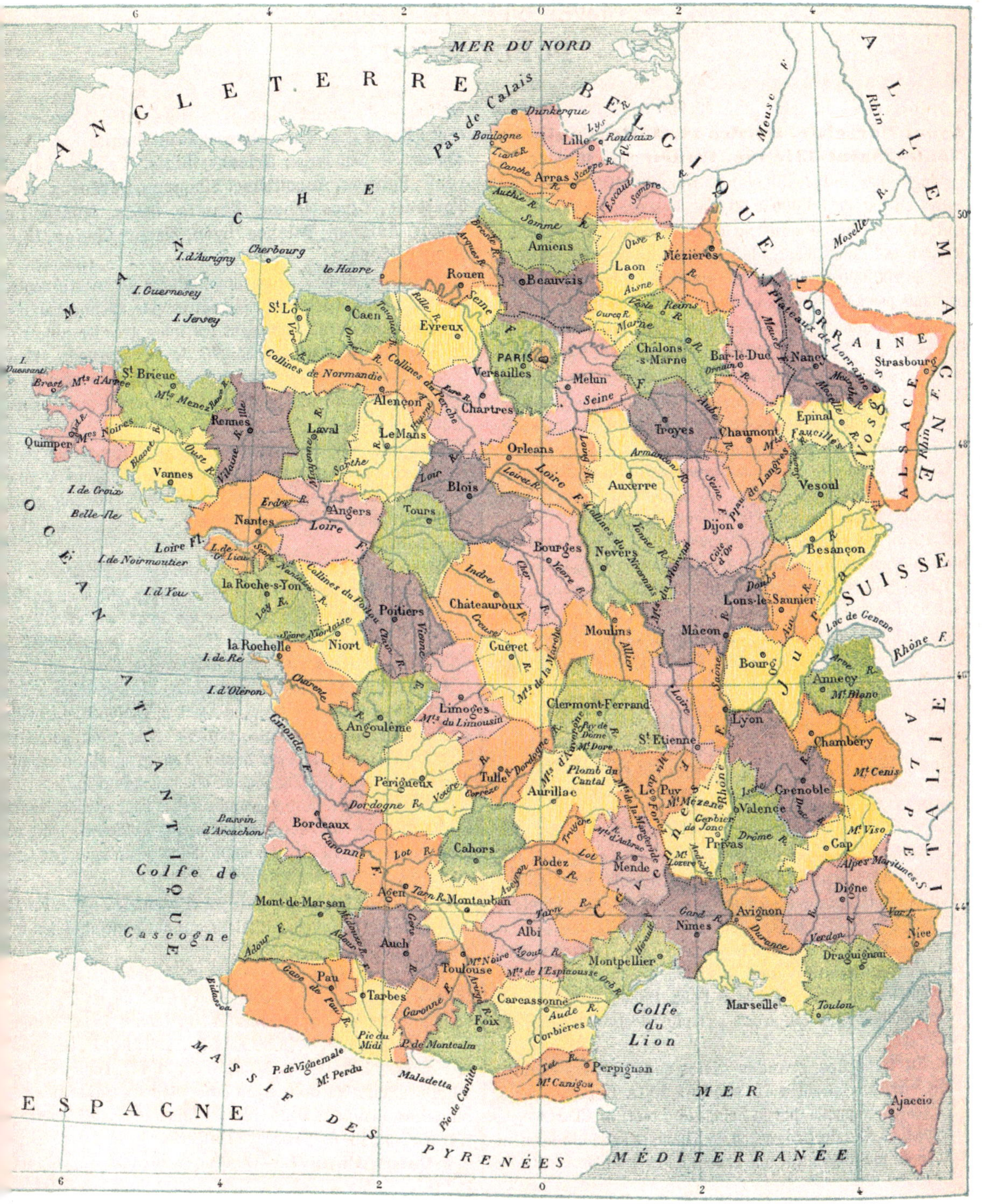
MER DU NORD
ANGLETERRE
BELGIQUE
ALLEMAGNE
LORRAINE
ALSACE
SUISSE
ITALIE
ESPAGNE
MANCHE
OCÉAN ATLANTIQUE
Golfe de Gascogne
MASSIF DES PYRENÉES
MER MÉDITERRANÉE
Golfe du Lion
Pas de Calais
Dunkerque
Boulogne
Lille
Roubaix
Arras
Amiens
Cherbourg
le Havre
Rouen
Beauvais
Laon
Mézières
Caen
St Lô
Evreux
PARIS
Versailles
Chalons-s-Marne
Reims
Bar-le-Duc
Nancy
Strasbourg
St Brieuc
Brest
Quimper
Rennes
Vannes
Laval
Alençon
Le Mans
Chartres
Melun
Troyes
Chaumont
Epinal
Orleans
Blois
Tours
Angers
Nantes
Auxerre
Vesoul
Dijon
Besançon
Bourges
Nevers
Poitiers
Châteauroux
la Roche-s-Yon
Niort
la Rochelle
Guéret
Moulins
Mâcon
Lons-le-Saunier
Bourg
Annecy
Limoges
Angoulême
Clermont-Ferrand
St Etienne
Lyon
Chambéry
Périgueux
Tulle
Aurillac
Le Puy
Grenoble
Valence
Privas
Gap
Bordeaux
Cahors
Rodez
Mende
Digne
Agen
Montauban
Mont-de-Marsan
Auch
Albi
Nimes
Avignon
Nice
Montpellier
Toulouse
Draguignan
Pau
Tarbes
Carcassonne
Marseille
Toulon
Foix
Perpignan
Ajaccio
I. d'Aurigny
I. Guernesey
I. Jersey
I. d'Ouessant
I. de Croix
Belle-Ile
I. de Noirmoutier
I. d'Yeu
I. de Ré
I. d'Oléron
Bassin d'Arcachon
Mts d'Arrée
Mts Menez
Mts Noires
Collines de Normandie
Collines du Perche
Collines du Poitou
Mts du Limousin
Mts d'Auvergne
Puy de Dôme
Mt Dore
Plomb du Cantal
Mts de la Margeride
Mt Mézenc
Mt Lozère
Cévennes
Mts de l'Espinouse
Mt Noire
Corbières
Jura
Mt Blanc
Mt Cenis
Mt Viso
Alpes Maritimes
Vosges
Faucilles
Plat. de Langres
Côte d'Or
Pic du Midi
P. de Vignemale
Mt Perdu
Maladetta
Pic de Carlitte
P. de Montcalm
Mt Canigou
Lac de Genève
Seine R.
Loire Fl.
Garonne
Dordogne R.
Rhône F.
Rhin F.
Moselle R.
Meuse R.
Marne
Aisne
Oise R.
Somme
Charente
Gironde F.
Adour F.
Lot R.
Tarn R.
Allier
Saône
Durance
Isère
Drôme R.
Doubs
Vienne
Creuse
Indre
Cher
Yonne R.
Aube
Sarthe
Vilaine R.
Vire R.
Orne
Canche
Escaut Fl.
Sambre
Lys
Aude R.
Hérault
Var

Vingt-septième leçon

CLIMAT – TERRAINS – PRODUCTIONS DU SOL – AGRICULTURE

CLIMAT

1. – **Saisons**. Le climat de la France est tempéré, c'est-à-dire qu'il n'y fait pas de froid comme en Sibérie, ni de chaleur comme au Sénégal ; mais il est loin d'être invariable comme celui de certains pays. Il varie suivant les saisons : seulement les grands froids et les grandes chaleurs sont des exceptions ; les rivières ne gèlent pas tous les ans.

2. – **Latitude**. Le climat varie suivant la latitude : à Nice et à Pau, par exemple, il fait plus chaud en été et surtout moins froid en hiver qu'à Lille ou à Paris.

3. – **Nuages et vents**. Le climat varie aussi suivant l'humidité, et les régions voisines de l'Océan, où le ciel est le plus souvent nuageux, sont particulièrement tempérées ; la Bretagne, par exemple, a des étés moins chauds et des hivers moins froids que les régions éloignées de la mer, telles que la Lorraine.

4. – **Altitude**. Le climat varie plus encore suivant l'altitude : une différence de 100 mètres de hauteur est déjà fort sensible ; ainsi il fait plus froid à Versailles qu'à Paris ; la différence est énorme, quand il s'agit de plusieurs centaines de mètres. Montlouis, dans les Pyrénées-Orientales (à 1 600 m), et Briançon, dans les Hautes-Alpes (à 1 250 m), sont les villes les plus hautes et les plus froides de France.

5. – **Température moyenne.** On distingue généralement en France sept régions distinctes par le climat :

1° le **Massif central** (climat central), moyenne 11 degrés ;

2° le **bassin de la Garonne** (climat girondin), moyenne 14 degrés ;

3° l'**ouest de la France** (climat armoricain), moyenne 12 degrés ;

4° le **centre et le nord de la France** (climat séquanien), moyenne 10 degrés ;

5° la **Lorraine** et la **Franche-Comté** (climat vosgien), moyenne 9 degrés ;

6° le **bassin du Rhône** (climat rhodanien), moyenne 12 degrés ;

7° les **côtes de la Méditerranée** (climat méditerranéen), moyenne 15 degrés.

Mais il est bien entendu que ces régions n'ont pas de limites précises, et que dans chacune d'elles la température varie suivant l'humidité, les vents et l'altitude.

TERRAINS

Variété des terrains. Le sol de la France est composé de terrains très différents. Le Massif central, les Pyrénées, les Alpes, les Vosges, la Bretagne, sont composés de roches granitiques ou schisteuses, c'est-à-dire des terrains les plus anciens.

Les Alpes du Dauphiné, le Jura, la Lorraine, l'Aunis et tout le pourtour du Massif central sont composés de terrains jurassiques ; la Champagne et un grand nombre de vallées sont composées de terrains crétacés. Les terrains jurassiques et les terrains crétacés sont des terrains secondaires, c'est-à-dire moins anciens que les terrains granitiques et schisteux.

La plaine de la Garonne, la plaine de la Saône et du Rhône, la plaine de la Seine et la moitié de la plaine de la Loire sont composées de terrains tertiaires.

Enfin le fond des vallées, les deltas et les baies abandonnées par la mer sont composés de terrains quaternaires.

On appelle géologie l'étude de ces différents terrains, qui ont été formés successivement et qui ont des propriétés diverses.

PRODUCTIONS DU SOL

1. – **Variété des productions.** Des différences de climat et de terrains de la France résulte une grande variété dans les productions du sol. La France a à la fois des champs, des vignes, des forêts, des pâturages, des jardins, des vergers, des étangs ; enfin son sol renferme des mines et des pierres. Les terres incultes, montagnes stériles, rochers, landes, marécages, ne forment guère que la quinzième partie du sol.

2. – **Champs**. Les champs couvrent la moitié du sol (26 millions sur 53 millions) ; la moitié des champs sont des champs de blé ; les autres sont des champs d'avoine, de seigle, de sarrasin, d'orge, de maïs, de pommes de terre, de betteraves, de colza, de lin, de chanvre, de tabac, etc., ou des prairies artificielles.

Le *blé* est cultivé partout, mais surtout dans le nord, dans les départements voisins de Paris (notamment dans la **Beauce** et dans la **Brie**), en **Normandie**, en **Poitou**, dans les départements que traverse la Garonne, dans la **Limagne** (Puy-de-Dôme) et dans **Saône-et-Loire**. L'*avoine* est cultivée partout ; le *seigle*, dans les régions où le blé ne viendrait pas, surtout dans le **Massif central** ; le *sarrasin* surtout dans la **Bretagne**. L'*orge* et le *houblon*, qui servent à faire la bière, sont cultivés surtout dans le **nord** et dans l'**est**. Le *maïs*, qui a besoin de chaleur, est cultivé surtout dans le **midi** ; la *pomme de terre* partout, mais surtout dans l'**est**. La *betterave*, qui sert à faire le sucre et à nourrir les bestiaux, est cultivée surtout dans le **nord** ; le *colza*, qui sert à faire l'huile d'éclairage, est cultivé surtout en **Normandie**, le *lin* dans le **nord**, le *chanvre* dans l'**ouest**, le *tabac* dans le **bassin de la Garonne**. Les prairies artificielles, trèfles, luzernes, sainfoins, se trouvent surtout dans le nord, qui manque de prairies naturelles.

3. – **Pâturages**. Les prairies naturelles, qui produisent le foin, couvrent la 6e partie du sol de la France ; elles se trouvent dans les montagnes, par exemple dans le Jura et en Auvergne, et surtout dans les régions accidentées et bien arrosées de pluies, telles que la Normandie, la Bretagne, le Charolais (Saône-et-Loire). La région la plus pauvre en pâturages est le sud-est de la France (Provence, etc.). On compte en France 12 millions de bestiaux, 24 millions de moutons, 3 millions de chevaux ; le bétail donne non seulement la viande, mais le cuir, la laine, la corne, le suif.

4. – **Forêts.** Les forêts couvrent aussi la 6e partie du sol de la France. Les régions les plus boisées sont :

1° les régions montagneuses (Pyrénées, Alpes, Jura, Vosges, grand massif, Morvan et Côte-d'Or) ;

2° le département des Landes, couvert de forêts de pins ;

3° les environs de Paris avec les anciennes forêts royales ou princières de Fontainebleau, de Rambouillet, de Saint-Germain, de Chantilly, de Compiègne, etc.

5. – **Vignes**. Les vignes sont une des grandes richesses de la France ; elles en couvrent environ la 20e partie, dans le midi, dans le Bordelais (Gironde), en Bourgogne, en Champagne, dans les Charentes (Charente et Charente-Inférieure) ; la vigne n'est cultivée ni dans les montagnes, ni dans l'ouest, ni dans le nord, à cause du climat ; Paris se trouve à la limite de la culture de la vigne.

6. – **Vergers et jardins**. De grandes étendues sont couvertes de vergers : la Normandie, la Picardie (et plusieurs autres pays qui n'ont pas de vin), ont les pommes et les poires pour faire le cidre ; le midi a l'olive, dont on tire la meilleure huile à manger, et le mûrier, dont la feuille nourrit les vers à soie ; le Massif central a des châtaignes. Les jardins où l'on cultive les légumes et les fruits couvrent de grandes étendues autour des villes.

7. – **Eaux**. Les cours d'eaux et les étangs renferment toute espèce de poissons d'eau douce ; la mer, de nombreuses espèces de poissons de mer, des homards, des huîtres, etc.

8. – Résumé. Ainsi les champs, les pâturages et les forêts couvrent les cinq sixièmes du sol de la France ; le reste, c'est-à-dire un sixième, se compose des vignes, des vergers, des jardins, des étangs, des cours d'eau, des terres incultes, landes et marécages, enfin des routes et des surfaces bâties, villes et villages.

AGRICULTURE

L'agriculture, c'est-à-dire l'art de cultiver la terre et d'élever le bétail et la volaille, est surtout développée dans les pays à blé et dans les pays riches en pâturages ou en vignes (voir ci-dessus) ; les pays où elle est la moins active sont la Corse, les parties dénudées des Alpes et des Pyrénées et les causses du Massif central.

2°
4°
6°
8°
10°
12°
50°
48°
46°
44°
42°
BELGIQUE
ALLEMAGNE
SUISSE
AUTRICHE
ITALIE
MER MÉDITERRANÉE
Douvres
Calais
Dunkerque
Boulogne
Anvers
Gand
Bruxelles
Roubaix
Lille
Liège
Aix-la-Ch.
Neuss
Cologne
Siegen
Eisenach
Erfurt
Iéna
Zwickau
Fulda
Coblentz
Francfort s/Main
Bayreuth
Bamberg
St Quentin
Amiens
St Gobain
Sedan
Luxembg
Trèves
Kaiserslautern
Mayence
Darmstadt
Mannheim
Wurzbourg
Nuremberg
Rouen
Laon
Reims
Longwy
Briey
Verdun
Sarrebruck
Neustadt
Heidelberg
Hall
Ratisbonne
Meaux
Châlons s/M.
Metz
Haguenau
Mantes
Epernay
Nancy
Stuttgart
Ingolstadt
Paris
Reutlingen
Chartres
St Dizier
Lunéville
Strasbourg
Ulm
Augsbourg
Fontainebleau
Neufchâteau
Munich
Troyes
Tuttlingen
Orléans
Chaumont
Memmingen
Kempten
Le Mans
Schaffhouse
Vendôme
Auxerre
Mulhouse
Bâle
Zurich
Innsbruck
Vierzon
Dijon
Besançon
Bienne
Lucerne
Châtellerault
Le Creusot
Chalon
Dôle
Neuchâtel
Berne
Méran
Châteauroux
Salins
Coire
Moulins
Lons-le-Saunier
Lausanne
Bozen
Le Blanc
Montluçon
Mâcon
Brigue
Trente
Commentry
Roanne
Bourg
Genève
Sondrio
Aubusson
Vichy
Ugène
Bergame
Brescia
Vérone
Limoges
Clermont
Lyon
Milan
Angoulême
St Etienne
Chambéry
Ivrée
Mantoue
Tulle
Grenoble
Verceil
Turin
Plaisance
Parme
Bergerac
Valence
Alexandrie
Sarlat
Briançon
Gap
Gênes
Bologne
Villeneuve
Decazeville
Agen
Alais
Sisteron
Coni
Carrare
Pistoie
Montauban
Nîmes
Avignon
Lucques
Florence
Castres
Arles
Montpellier
Nice
Livourne
Toulouse
Mazamet
Villefranche
Cette
Marseille
Toulon
Pamiers
Carcassonne
Narbonne
Elbe
Grosseto
Foix
Bastia
Andorre
Calvi
E
...griculture, mines et industries
Houille
Lignite
Fer et industrie du fer
Or
Argent
Cuivre
Zinc
Étain
Plomb
Marbre
Sel
Soufre
Pétrole
Eaux minér.les
Constructions navales
Industries:
du coton
de la laine
du lin
de la soie et magnaneries

Vingt-huitième leçon

INDUSTRIE

PRODUITS DU SOUS-SOL

1. – Mines. La France produit à peu près les deux tiers de la houille qu'elle consomme ; les principales mines de *houille* sont : celles du nord (**Anzin**, faubourg de Valenciennes, **Douai**, **Denain**, etc.) ; celles du centre, **Saint-Étienne**, **Le Creusot** (Saône-et-Loire), **Commentry** (Allier) ; celles du midi (**Alais** et **Bessèges** dans le Gard) ; celles de l'Aveyron (**Aubin** et **Decazeville**).

La France tire de son sol à peu près assez de *fer* pour son industrie ; les principales mines de fer se trouvent dans l'est (Meurthe-et-Moselle et Haute-Marne).

La France a du *plomb* (en Auvergne), mais elle n'a ni cuivre, ni zinc, ni étain, ni argent, ni or.

Les mines de *sel gemme* sont une des richesses de la Franche-Comté (**Salins**).

2. – Carrières. La France est riche en pierres à bâtir, telles que granit, pierre tendre, moellon, tuffeau, meulière, marbres, ardoises, etc. ; elle est riche aussi en chaux, en plâtre, en ciment, en asphalte, en sable, en terre à brique, en terre à faïence, en kaolin, etc.

3. – Eaux minérales. La France est riche en eaux minérales. Les principales sont :

1° dans les Pyrénées : **Luchon** (Haute-Garonne), **Cauterets** (Hautes-Pyrénées), les **Eaux-Bonnes** (Basses-Pyrénées), **Amélie-les-Bains** (Pyrénées- Orientales) ;

2° dans les Alpes : **Uriage** (Isère), **Aix** (Savoie), **Evian** (Haute-Savoie) ;

3° dans le Jura : **Salins** (Jura) ;

4° dans les Vosges : **Plombières** (Vosges) et **Luxeuil** (Haute-Saône) ;

5° dans le Massif central : **Vais** (Ardèche), le **Mont-Dore** (Puy-de-Dôme), **Saint-Galmier** (Loire), **Vichy** et **Néris** (Allier), etc.

L'INDUSTRIE FRANÇAISE

Les principaux produits industriels de la France sont :

1° les *denrées alimentaires* (telles que la farine, le pain, le sucre, l'huile, le fromage, la bière, les liqueurs, etc.),

2° les *tissus* (draps, soieries, toiles, cotonnades, etc.),

3° les *cuirs*,

4° les *objets en fer*, tels que les machines et les fers pour les constructions,

5° les objets dont la fabrication exige particulièrement de l'intelligence et du goût, tels que les *meubles*, les *montres*, les confections, les articles de Paris, etc.

L'industrie française est la première au monde pour la qualité de ses produits ; pour la quantité, elle est de beaucoup dépassée par l'Angleterre et serrée de près par les États-Unis et par l'Allemagne.

TRAVAIL DES MÉTAUX

La France a de grandes *usines métallurgiques* où l'on fabrique des machines (machines à vapeur pour l'industrie, machines agricoles), des fers pour les bâtiments (poutres de fers pour les maisons, fers pour gares, halles et marchés), des tuyaux, des outils. Ces usines abondent dans les grandes villes, à **Paris** et dans la banlieue de Paris (surtout à Saint-Denis), à **Lyon**, au **Havre**, à **Nantes**, à **Marseille**, à cause des immenses débouchés que l'industrie y trouve.

Beaucoup aussi sont situées dans les régions riches en houille et en minerai : dans la région du nord, **Lille** et son faubourg Fives-Lille, **Denain**, **Douai**, **Valenciennes** et son faubourg **Anzin** (Nord), **Saint-Quentin** (Aisne), **Charleville** (Ardennes).

Dans la région du centre, au **Creusot** (Saône-et-Loire), vaste usine qui occupe plus de 10 000 ouvriers à elle seule), à **Saint-Étienne**, à **Saint-Chamond** et à **Rive-de-Gier** (Loire), à **Givors** (Rhône) à **Imphy** et à **Fourchambault** (Nièvre), à **Commentry** (Allier), à **Bourges** et à **Vierzon** (Cher), à **Châtellerault** (Vienne).

Dans la région de l'est, voisine de l'Allemagne riche en houille, à **Longwy**, à **Pont-à-Mousson** et à **Nancy**, en Meurthe-et-Moselle ; dans l'Aveyron, à **Decazeville** et à **Aubin** ; dans le Gard, à **Alais** et à **Bessèges**.

PRÉPARATION DU CUIR

La *transformation des peaux brutes en cuirs* pour la cordonnerie, la ganterie, la sellerie, l'ameublement, etc., est une des principales industries de la France ; les grandes tanneries sont à **Paris**, à **Grenoble**, à **Annonay** (Ardèche), à **Millau** (Aveyron), à **Nantes**, à **Pont-Audemer** (Eure), etc.

Les fabriques de *produits chimiques* (acides, couleurs, graisses, articles de pharmacie) sont surtout nombreuses à **Paris**, à **Lille**, à **Rouen**, à **Lyon**, à **Marseille**, à **Bordeaux** ; **Marseille** produit particulièrement du *savon*.

ALIMENTATION

Le moulin à vent, qui est une petite usine agricole, est remplacé dans beaucoup de pays par de vastes *minoteries* ou *meuneries* à vapeur ou à eau ; on peut citer celles de **Corbeil**, à quelques lieues de Paris (Seine-et-Oise), de **Gray** (Haute-Saône), de **Marseille** et du **Havre**.

La *boulangerie* est en France l'industrie qui occupe le plus de bras.

Les *conserves alimentaires*, telles que sardines, thon mariné, viandes conservées, etc., sont préparées, surtout à **Concarneau** et à **Douarnenez** (Finistère), à **Nantes** et à **Bordeaux** ; les *pâtes alimentaires*, à **Paris** et à **Marseille**.

Le sucre est fait soit avec la canne à sucre qui vient des pays chauds, soit avec la betterave cultivée en France; les principales *raffineries* sont dans le département du Nord et dans quelques grandes villes (Paris, Nantes, Marseille, etc.). Le sucre français est sans rival pour sa qualité.

Les *huiles d'olive* sont fabriquées en Provence, en Languedoc, en Roussillon.

Le *fromage* est fabriqué dans les pays à pâturages, en Normandie (**Neufchâtel**, **Pont-l'Évêque**, **Camembert**) ; dans les Vosges (**Gérardmer**); dans le Jura et dans les Alpes (sorte de **Gruyère**) ; dans le Massif central (**Cantal**, **Roquefort**).

La *bière* est faite avec l'orge et le houblon ; les principales brasseries se trouvent dans l'est, dans le nord et à Paris.

Les *liqueurs* se font à **Paris**, à **Marseille**, à **Bordeaux**, à la **Grande-Chartreuse** (Isère), à **Pontarlier** (Doubs), à **Dijon**, dans les **Vosges** (le kirsch).

TABAC

La préparation du tabac et la fabrication des cigares forment une industrie considérable dont l'État a le monopole, c'est-à-dire qu'il a seul le droit de l'exercer ; il en tire par an 250 millions de bénéfices.

SPÉCIALITÉS

Beaucoup de villes ont une spécialité : Orléans, son vinaigre ; Bayonne, son jambon ; Amiens, Nérac (Lot-et-Garonne), Pithiviers (Loiret), leurs pâtés ; Lyon et Arles, leur saucisson ; Dijon, son pain d'épices ; Bar-le-Duc, ses confitures ; Commercy (Meuse), ses madeleines ; Reims, ses biscuits ; Montélimar, ses nougats ; Verdun, ses dragées, etc.

Vingt-neuvième leçon

INDUSTRIE *(suite)*

VÊTEMENT

1. – Tissus de laine. La France égale l'Angleterre pour la fabrication des tissus de laine (draps fins et gros draps, flanelles, tissus légers, etc.).

Les principales villes qui en produisent sont des villes du nord, comme **Sedan** (Ardennes), **Lille**, **Roubaix** et **Tourcoing** (Nord) ; **Abbeville** (Somme) ; des villes de Normandie, comme **Elbeuf** (Seine-Inférieure), **Louviers** (Eure), **Lisieux** (Calvados) ; en Champagne, **Reims** ; dans le midi, **Vienne** (Isère), **Mazamet** (Tarn), **Lodève** (Hérault).

2. – Tissus de soie. La France est au premier rang pour la fabrication des tissus de soie. Le grand centre de cette industrie est **Lyon**, qui occupe des milliers d'ouvriers dans la ville et dans les environs. Après vient **Saint-Étienne**, qui a la spécialité des rubans ; on peut encore citer **Tarare** (Rhône) pour ses velours, et **Orange** (Vaucluse) pour ses filatures de soie.

3. – Tissus de coton. Pour les tissus de coton, si l'on en considère la quantité produite plus que la qualité, la France est de beaucoup distancée par l'Angleterre et par les États-Unis. Les principales filatures et manufactures de coton sont dans le Nord, à **Lille**, à **Saint-Quentin** (Aisne), à **Amiens**, ou en **Normandie**, à **Rouen**, à **Fiers** (Orne), à **Condé-sur-Noireau** et à **Falaise** (Calvados). On appelle rouenneries les toiles de coton peintes fabriquées à **Rouen** ou, par imitation, dans d'autres villes. On peut encore citer **Roanne**, dans le Rhône, et **Épinal** (impression sur étoffes).

4. – Toiles. La France vient aussitôt après l'Angleterre pour la fabrication des toiles. Les principales villes qui en produisent sont encore des villes du nord, comme **Lille**, **Cambrai**, **Armentières** (Nord), **Amiens** ; des villes de l'ouest, comme **Le Mans**, **Laval**, **Rennes**, **Landerneau** (Finistère) ; **Cholet** (Maine-et-Loire) a la spécialité des mouchoirs.

5. – Vêtements. Paris occupe le premier rang pour la *confection des vêtements* (vêtements faits sur mesure par les tailleurs ou à l'avance par les grandes maisons de confections), pour les châles, pour la *lingerie*, pour la *bonneterie* (tricots, etc.), pour les *modes* (chapeaux de femme, etc.), pour la *chapellerie*, pour la *ganterie*, pour la *chaussure*. Toutes ces industries sont plus ou moins développées dans les villes importantes ; on peut citer **Troyes** et **Amiens** pour la bonneterie, **Grenoble** et **Annonay** pour la ganterie, **Blois** pour les chaussures, **Nantes** pour les sabots.

6. – Dentelles, etc. Les dentelles de France ont peu de rivales ; es plus belles sont le point d'**Alençon** et la dentelle noire de **Chantilly** (Oise) ; on ne fabrique presque plus de Valenciennes (Nord), ni de dentelles de Mirecourt (Vosges). Les dentelles communes se fabriquent surtout en Auvergne. **Saint-Pierre-lès-Calais**, grand faubourg de Calais, fabrique pour 100 millions de *tulle* par an. **Tarare** (Rhône) fabrique des *mousselines*. Les broderies se font dans les campagnes, surtout en Lorraine.

7. – Bijouterie. Paris occupe le premier rang dans le monde pour la bijouterie.

LOGEMENT ET AMEUBLEMENT

1. – Bâtiment. Les industries du bâtiment sont de celles qui occupent le plus d'ouvriers, surtout à Paris et dans les grandes villes : tailleurs de pierre, maçons, charpentiers, menuisiers, serruriers, peintres, couvreurs, fumistes ; il y a de grands chantiers pour la taille des pierres, des scieries pour les bois, des manufactures de papiers peints, de grandes serrureries (à Paris, à Lyon, etc.) ; mais la plupart des ouvriers du bâtiment travaillent sous la direction d'entrepreneurs et d'architectes.

2. – **Meubles**. La France est encore au premier rang pour les meubles, mais elle a de plus en plus de peine à lutter contre la concurrence. Les meubles sont la grande industrie d'un grand faubourg de Paris, le faubourg Saint-Antoine. D'autres quartiers de Paris travaillent le bronze (garnitures de cheminées, pendules, etc.).

3. – **Tapis**. Aubusson (Creuse), Beauvais, Nîmes et la manufacture des Gobelins, à Paris, fabriquent de magnifiques tapis.

4. – **Glaces et verrerie**. Les plus belles *glaces* du monde sont fabriquées à **Saint-Gobain** (Aisne). Le *cristal* de **Baccarat** (Meurthe-et-Moselle) rivalise avec le cristal de **Bohême** ; **Clichy** et **Pantin** (Seine) fabriquent du cristal ordinaire. Les principales *verreries* sont celles de **Portieux** (Vosges), et de **Rive-de-Gier** (Loirc).

5. – **Céramique**. Les principales *faïenceries* sont à **Gien** (Loiret), à **Creil** (Oise), à **Nevers**, à **Lunéville** (Meurthe-et-Moselle), à **Choisy-le-Roi** (Seine), à **Montereau** (Seine-et-Marne). Les *porcelaines* se font surtout à **Limoges**, à **Longwy** (Meurthe-et-Moselle), à **Vierzon** (Cher), à **Paris**, à **Sèvres** (Seine-et-Oise), où l'État a une manufacture modèle.

6. – **Articles de ménage**. Les articles de ménage (chaudronnerie, quincaillerie, etc.) sont fabriqués dans un grand nombre de villes, surtout à Paris et à Lille.

7. – **Éclairage**. L'huile de colza est surtout fabriquée en Normandie ; la bougie, à Paris et dans la plupart des grandes villes. Le gaz est de plus en plus répandu et la lumière électrique est déjà en usage à Paris, dans quelques villes et dans beaucoup d'usines.

PAPETERIE, IMPRIMERIE, HORLOGERIE, ETC.

1. – **Papeterie**. La fabrique du papier exige des eaux très limpides ; les principales papeteries sont celles d'**Angoulême**, d'**Annonay** (Ardèche), d'**Essonnes** (Seine-et-Oise).

2. – **Imprimerie**. Les grandes imprimeries se trouvent à **Paris**, à **Lyon**, à **Lille**, à **Nancy**, à **Rouen**, à **Rennes**, à **Tours**. **Épinal** fabrique les images communes.

3. – **Horlogerie**. L'horlogerie est la grande industrie de la Franche-Comté : **Besançon** fabrique chaque année un demi-million de montres. Pour l'horlogerie, la France n'a que la Suisse pour rivale.

4. – **Instruments de musique**. Les instruments de musique (orgues, pianos, etc.) sont fabriqués à **Paris**, à **Château-Thierry** (Aisne), à **Lyon**, etc.

TRANSPORTS

1. – **Chemins de fer**. Les locomotives sont fabriquées à **Paris**, au **Creusot**, à **Fives-Lille**, etc. ; les wagons, à Paris, à Lyon, etc. ; les rails, dans un grand nombre d'usines.

2. – **Navires**. Les plus grands chantiers de construction pour les navires en fer sont la **Seyne**, près de Toulon, et la **Ciotat**, près de Marseille. La plupart des ports construisent des navires en bois et fabriquent de la toile à voile et du cordage : ces deux dernières industries se trouvent aussi dans quelques villes peu éloignées de la mer, à **Angers**, par exemple. Les bateaux de rivières sont construits sur les bords des canaux et des rivières navigables.

3. – **Voitures**. La carrosserie et la sellerie sont au nombre des grandes industries de **Paris** ; les voitures communes sont fabriquées un peu partout ; la plupart des villages ont un charron, un bourrelier, un maréchal-ferrant.

Trentième leçon

COMMERCE

COMMERCE INTÉRIEUR

1. – Échanges. Le commerce intérieur de la France se compose des échanges faits entre les différentes parties du territoire, par exemple entre le Nord et le Midi, entre la montagne et la plaine, entre la campagne et la ville, etc. Ainsi, les départements du Nord, qui n'ont pas de vin, en achètent aux départements du Midi, au Bordelais, à la Bourgogne, etc., et leur vendent des machines, des tissus, des sucres ; le Massif central, qui n'a que les blés de la Limagne, en achète aux plaines qui l'entourent et leur vend des moutons, du granit, du bitume, du plomb, des eaux minérales, etc. Paris achète des bestiaux, des fromages, des volailles à la Normandie, et lui vend des objets fabriqués, etc. ; on pourrait multiplier ces exemples à l'infini. Le commerce intérieur s'élève à un chiffre énorme, mais impossible à calculer même approximativement, puisqu'il est impossible de savoir tout ce qui se vend. Énumérer les centres de commerce, ce serait énumérer toutes les villes, bourgs, villages même où se tiennent des foires.

2. – Produits du sol. Les grands marchés pour les *blés* français sont **Paris**, **Orléans**, **Lille**, **Arras**, **Dijon**, **Toulouse**, etc. ; pour le *bétail*, **Paris** (faubourg de la Villette) ; pour les *chevaux*, la foire de **Caen**, etc. ; pour la *volaille*, le *beurre* et les *œufs*, un grand nombre de villes et bourgs de **Normandie**. Les grands entrepôts de *vins* sont, pour les vins du Midi, **Narbonne**, **Béziers**, **Cette**, **Carcassonne**, **Perpignan** ; pour les vins de Bordeaux, **Bordeaux** ; pour les vins de Bourgogne, **Mâcon**, **Chalon** (Saône-et-Loire), **Beaune** (Côte-d'Or) ; pour les vins de *Champagne*, **Reims** et **Épernay** ; pour les *eaux-de-vie*, **Cognac** (Charente).

3. – Produits de l'industrie. Quant aux produits de l'industrie, ils sont vendus soit par les industriels mêmes au lieu de fabrication, soit par les marchands ou négociants dans les grandes villes, particulièrement à Paris.

COMMERCE EXTÉRIEUR

1. – Échanges. Le commerce extérieur de la France se compose des échanges faits entre elle et les différents pays du monde ; il nous est mieux connu, à cause des douanes, qui évaluent les principales marchandises à leur entrée en France et à leur sortie.

2. – Importations. La France importe (c'est-à-dire qu'elle achète aux autres pays) ce dont elle a besoin :

1° des matières pour la fabrication des tissus, principalement des laines, de la soie, du coton. La *laine* pour les draps vient d'**Australie** et de la **République Argentine** : c'est notre plus fort article d'importation, autrement dit notre plus gros achat (environ 300 millions par an). La *soie* en cocons ou en fils vient de **Chine**, du **Japon** et d'**Italie** ; c'est notre plus fort article d'importation après la laine. Le *coton* pour les cotonnades vient surtout des **États-Unis** et de l'**Inde** ; c'est aussi un de nos plus forts articles d'importation.

2° du bois pour les bâtiments et l'ameublement. Les *bois* de construction, principalement le sapin, viennent de **Suède** et de **Norvège**, de **Russie**, de **Suisse**. Les bois pour les meubles, tels que l'acajou, le palissandre, l'ébène, viennent des pays chauds. Le bois est notre plus fort article d'importation après la laine et la soie.

3° de la *houille* pour chauffer les machines. La France ne tire de son sol que la moitié de la houille qu'elle consomme. La houille nous vient d'**Angleterre** (surtout de Newcastle et de Cardiff) ; de **Belgique** (surtout de Mons et de Charleroi) ; d'**Allemagne** (Prusse rhénane).

4° des matières alimentaires, telles que les bestiaux, les viandes salées, les graines oléagineuses, le café, le thé, la bière, et dans les mauvaises années, d'énormes quantités de blé. Le *blé* nous vient des **États-Unis**, de la **Russie** (Odessa) et d'**Algérie**. Les *bestiaux* viennent principalement d'**Allemagne**, de **Belgique**, de **Suisse** et d'**Algérie** ; les *viandes salées*, des **États-Unis** ; les *graines oléagineuses*, d'**Algérie**, d'**Italie** et des pays chauds. Le *café* vient du **Brésil**, de **Java**, de la **Martinique**, de la **Réunion**, d'**Arabie** (Moka). Le *thé* vient de **Chine**. Le *riz* vient de **Cochinchine**. La *bière* vient de **Strasbourg**, de **Bavière**, de **Bohême** et d'**Angleterre**. Parmi les liqueurs, le *rhum* vient de la **Jamaïque**, le *curaçao* de **Hollande**, le *vermouth* de **Turin**, l'*absinthe* de **Suisse**.

5° des *peaux*, que nos ouvriers transforment en cuirs ; elles viennent surtout d'**Australie** et de la **République Argentine**.

6° les métaux qui ne se trouvent pas en France : le *cuivre* vient du **Chili** ; le *zinc*, de **Belgique** et d'**Allemagne** ; l'*étain*, de la presqu'île de **Malacca** ; l'*or*, d'**Australie** et de **Californie** ; l'*argent*, des **États-Unis** et du **Mexique**.

3. – Exportations. La France exporte (c'est-à-dire qu'elle vend aux autres pays) ce qu'elle a en abondance.

1° Des *tissus*, principalement des draps et des soieries. Les draps sont notre plus fort article d'exportation (environ 300 millions) ; les soieries viennent ensuite, (plus de 250 millions).

2° Des *vins* et des *eaux-de-vie*, principalement des vins fins (Bordeaux, Bourgogne et Champagne), et des eaux-de-vie des Charentes (Cognac).

La France en exporte dans toutes les parties du monde, et surtout dans les pays qui manquent de vin, tels que l'Angleterre, la Belgique, la Hollande, la Russie. Les vins et les eaux-de-vie sont un de nos plus forts articles d'exportation (plus de 200 millions).

3° Des *denrées alimentaires*, telles que sucres, volailles, œufs, beurre, fromages, légumes, fruits.

4° Des *objets en fer*, tels que fers pour constructions, locomotives et matériel de chemins de fer, usines, canons et affûts (ainsi la Serbie a acheté toute son artillerie à Paris), armes de guerre, armes de chasse, etc.

5° Des *cuirs*, pour 150 millions, articles de sellerie et de carrosserie, chaussures, etc.

6° Des *meubles*, pour 150 millions; ainsi que des *articles d'ameublement* et de ménage, tapisseries, glaces, cristaux, verreries, faïences, porcelaines, etc.

7° Des *œuvres d'art*, telles que tableaux, statues, bronzes, gravures, etc. ; des livres.

8° De *l'horlogerie*, pendules et montres.

9° Des *confections*, de la *mercerie*, de la *bonneterie*.

10° Des articles de Paris.

4. – Transit. La France a aussi un important commerce de transit, c'est-à-dire qu'elle transporte sur ses chemins de fer et sur ses canaux des marchandises étrangères, à l'adresse d'autres nations, par exemple des cotonnades anglaises pour l'Italie, des soies d'Italie pour l'Angleterre, des oranges espagnoles pour la Hollande, des toiles de Hollande pour l'Espagne, etc. Le principal article de transit est le blé. Ainsi Marseille et Le Havre en reçoivent de Russie et d'Amérique de grandes quantités qui sont ensuite réexpédiées en Angleterre, en Suisse, etc.

5. – Rang de la France. La France est la nation la plus commerçante du monde après l'Angleterre ; elle est serrée de près par les États-Unis et par l'Allemagne.

6. – Marine marchande. Pour la marine marchande, la France ne vient qu'au sixième rang, après l'Angleterre, les États-Unis, l'Allemagne, la Norvège et l'Italie.

C'est :

1° qu'une partie de son commerce se fait par ses frontières de terre ;

2° que son commerce maritime se fait en majeure partie par navires étrangers (anglais, allemands, norvégiens et italiens).

Les cinq principaux ports de France sont, par ordre d'importance, **Marseille**, **Le Havre**, **Bordeaux**, **Dunkerque**, **Rouen** ; viennent ensuite, à peu près au même rang, **Cette**, **Boulogne**, **Calais**, **Dieppe**, **Saint-Nazaire** et **Nantes**.

À VOUS DE JOUER !

CARTES MUETTES

Placez sur cette carte les cinq grands bassins français :

- le bassin de la Garonne
- le bassin de la Loire
- le bassin du Rhin
- le bassin du Rhône
- le bassin de la Seine

ainsi que les bassins suivants :

- le bassin de l'Adour
- le bassin de l'Aude et de l'Hérault
- le bassin de la Charente
- le bassin de l'Escaut
- le bassin de la Moselle
- le bassin de l'Orne
- le bassin de la Somme
- le bassin du Var
- le bassin de la Vilaine

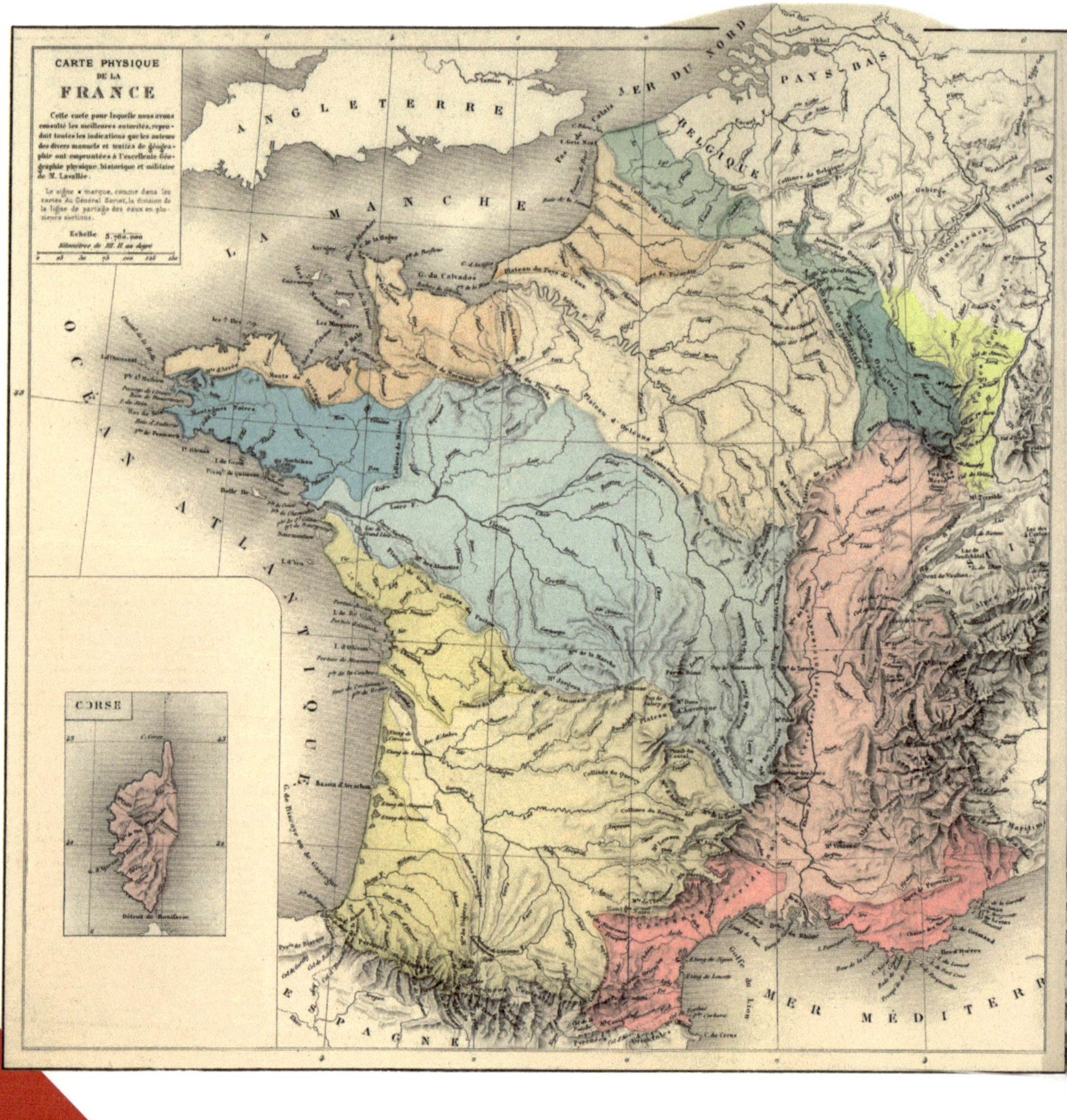

Placez sur cette carte les départements suivants :

- Calvados
- Cantal
- Charente
- Dordogne
- Doubs
- Finistère
- Gard
- Gironde
- Hautes-Pyrénées
- Hérault
- Indre-et-Loire
- Isère
- Loiret
- Lot
- Meuse
- Nièvre
- Nord
- Oise
- Pas-de-Calais
- Rhône
- Seine-et-Marne
- Var
- Vaucluse
- Vendée

Placez sur cette carte les rivières et les fleuves suivants :

- la Charente
- la Dordogne
- la Garonne
- la Loire
- la Marne
- le Rhône
- le Rhin
- la Seine
- l'Adour
- le Doubs
- l'Isère
- le Lot
- la Meuse
- la Sarthe
- la Somme
- le Tarn

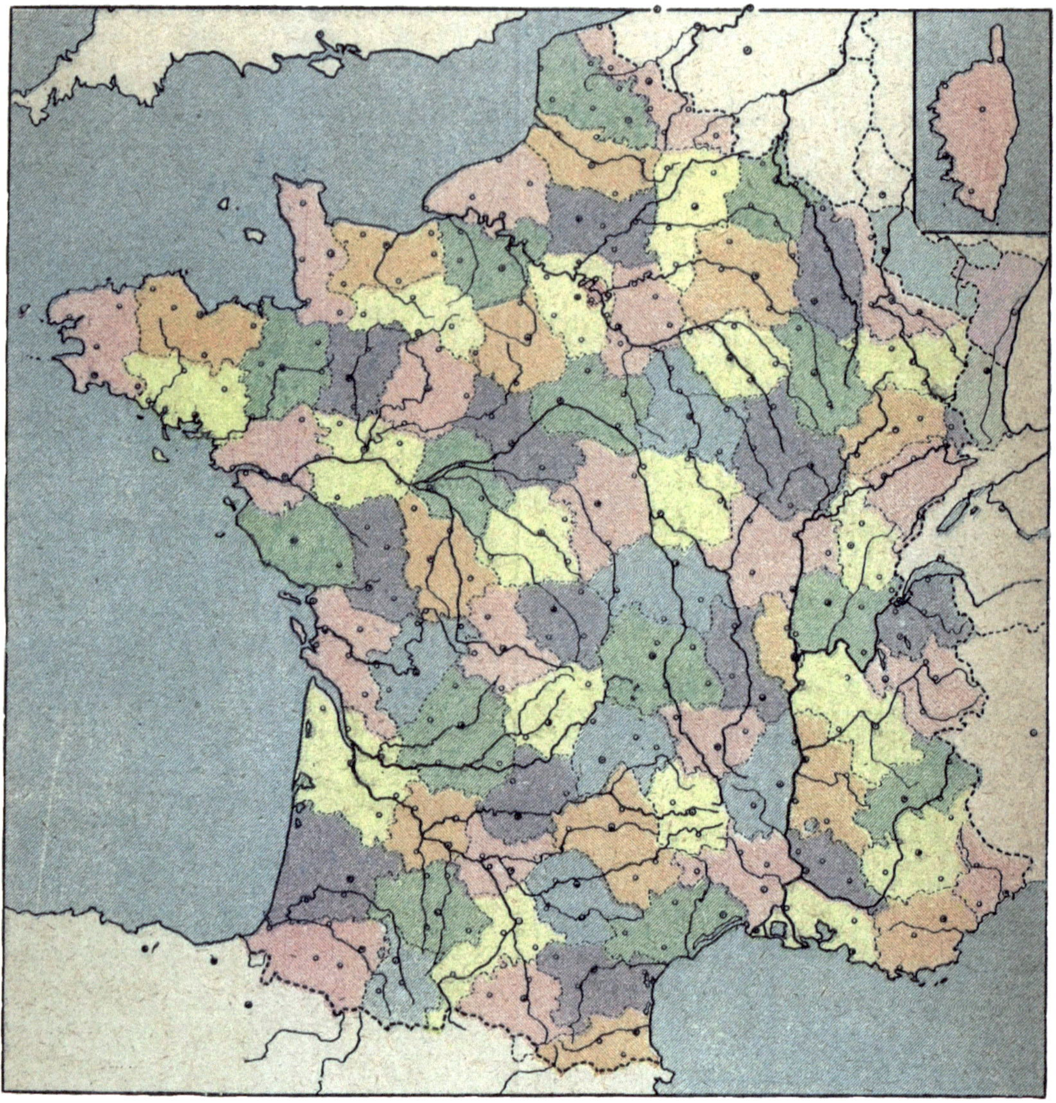

Placez sur cette carte les villes suivantes :

- Auch
- Besançon
- Bordeaux
- Bourges
- Dijon
- Grenoble
- Guéret
- La Rochelle
- Lille
- Lyon
- Metz
- Moulins
- Nantes
- Nevers
- Nice
- Orléans
- Paris
- Perpignan
- Poitiers
- Rodez
- Rouen
- Saint-Brieuc
- Strasbourg
- Tours

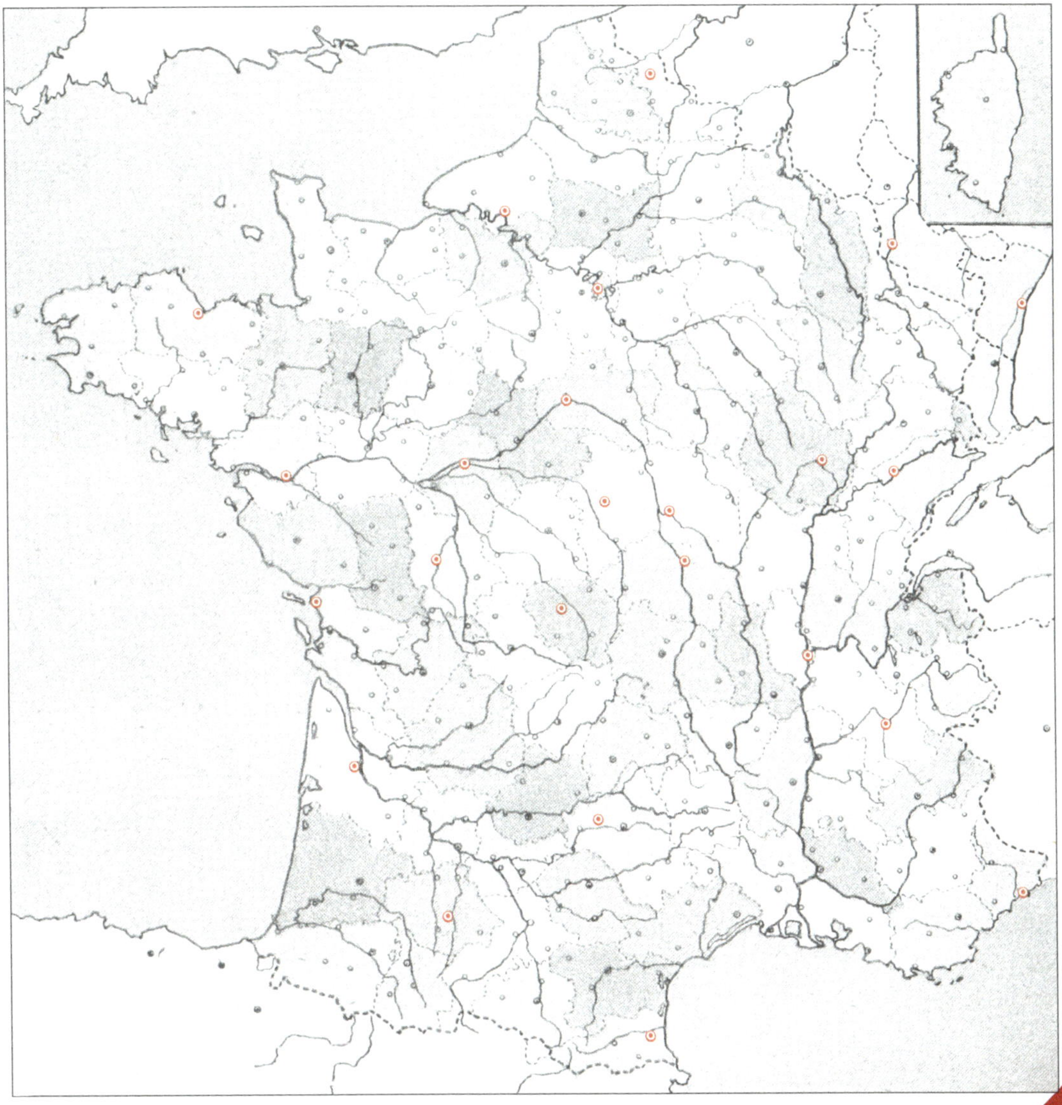

Placez sur cette carte les anciennes provinces françaises :

- Alsace
- Angoumois
- Anjou
- Artois
- Aunis
- Auvergne
- Béarn
- Berry
- Bourbonnais
- Bourgogne
- Bresse
- Bretagne
- Champagne
- Comté de Foix
- Corse
- Dauphiné
- Flandre
- Franche-Comté
- Gascogne
- Guyenne
- Île-de-France
- Languedoc
- Limousin
- Lorraine
- Lyonnais
- Maine
- Marche
- Nivernais
- Normandie
- Orléanais
- Picardie
- Provence
- Poitou
- Roussillon
- Saintonge
- Touraine

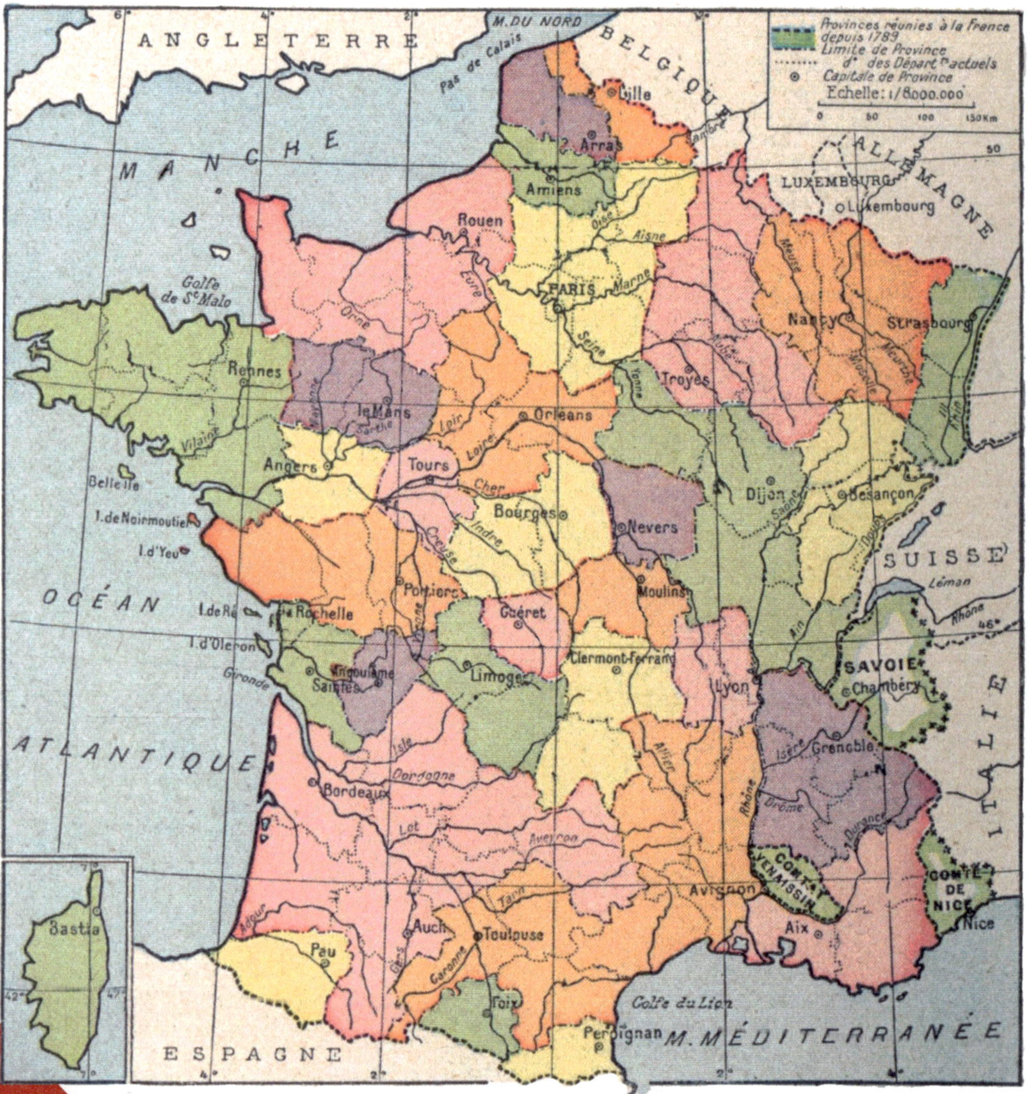

Nommez et placez les mers et les pays limitrophes de la France.

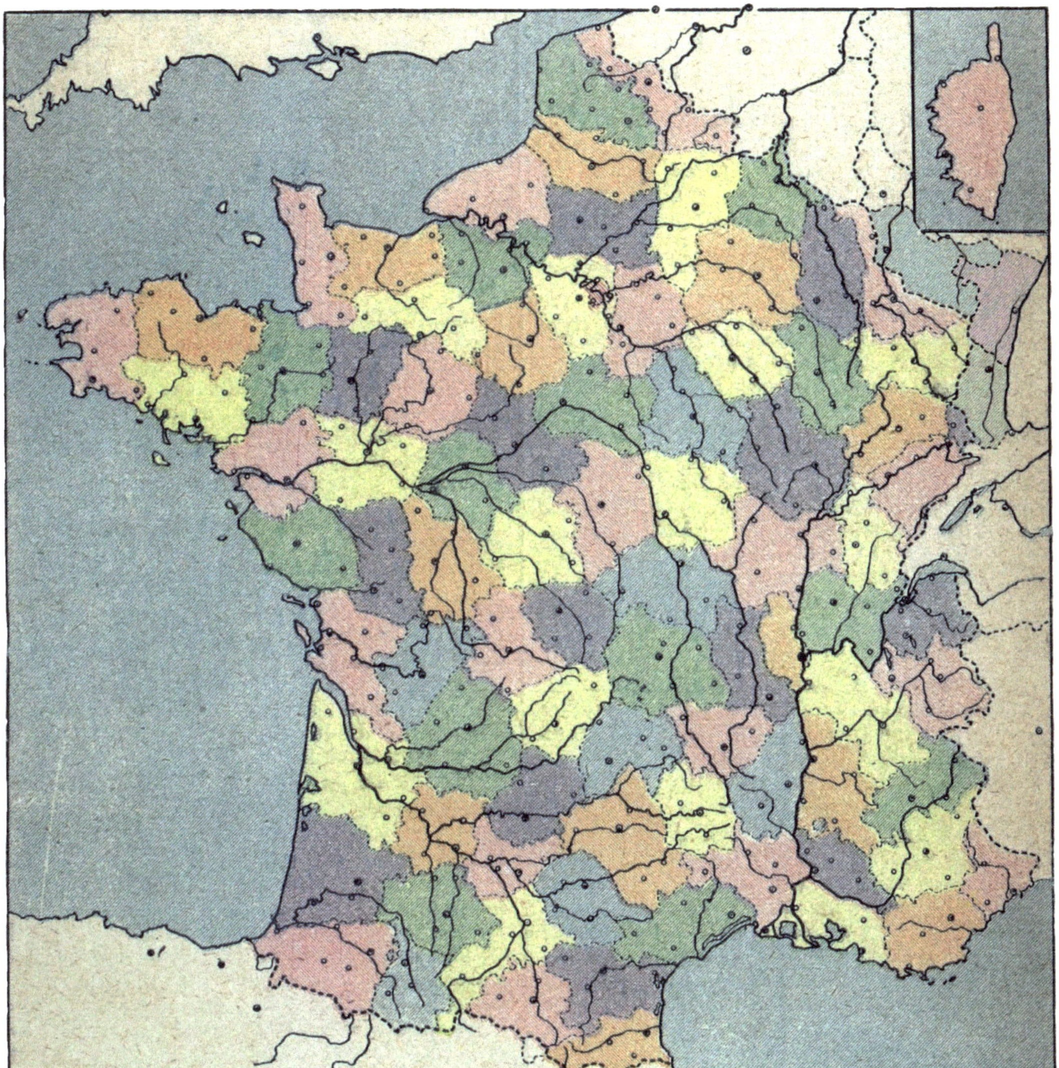

JEUX

QUESTION PIÈGE

1. La France compte :

☐ 6 côtés

☐ 7 côtés

☐ 8 côtés

2. Tracez les contours de la France.

3. Citez le nom des quatre limites maritimes de la France.

1. ....

2. ....

3. ....

4. ....

LA BONNE DISTANCE

4. La distance qui sépare Dunkerque du Mont Canigou est de :

☐ 938 km ☐ 998 km

☐ 1 108 km ☐ 1 228 km

5. Le point de la côte française le plus proche de l'Angleterre est :

☐ le cap Gris-Nez

☐ Calais

☐ le cap Blanc-Nez

À CHACUN SA SPÉCIALITÉ

6. Reliez les villes à leur production.

Mines •	• Fives-Lille
Locomotives •	• Douai
Toiles et bêtises •	• Saint-Pierre-lès-Calais
Tulle •	• Cambrai

◆◆◆ QUESTION PIÈGE ◆◆◆

7. Le Mont-Saint-Michel est :

☐ Breton

☐ Normand

☐ ne se prononce pas

◆◆◆ L'INTRUS ◆◆◆

8. Rayez l'intrus parmi les fromages suivants :

Neufchâtel

Pont l'Évêque   Roquefort

Camembert

◆◆◆ ÉCRITURE ◆◆◆

9. Complétez cette phrase :

L'embouchure proprement dite de la Seine est à huit lieues à l'est du .... à la pointe de ...., qui sépare le fleuve de l'estuaire.

.............., à l'embouchure de la Touques, est un port de pêche et une station de bains très fréquentée.

10. Le passage qui sépare le Cotentin des îles anglo-normandes de Guernesey et de Jersey se nomme :

☐ le passage du Désastre

☐ le passage du Sauve-qui-peut

☐ le passage de la Déroute

11. Dessinez la côte française de Dunkerque à La Rochelle.

12. Le mot Dunkerque signifie :

☐ Église des Dunes

☐ Dunes cathédrales

☐ Dune de sable

◈◈◈ ÉCRITURE ◈◈◈

13. Complétez la phrase suivante :

La presqu'île de Crozon s'avance en forme de .... entre la rade de .... et la baie de ....

◈◈◈ PRENDRE LE LARGE ◈◈◈

14. Les deux îles au large de la côte du Poitou sont :

☐ Belle-île-en-mer ☐ l'île d'Yeu

☐ l'île de Ré ☐ l'île de Groix

15. Le phare qui se situe à l'embouchure de la Gironde se nomme le phare :

☐ des Baleines ☐ des Cormorans

☐ de la Coubre ☐ de Cordouan

◈◈◈ EN QUÊTE DE VÉRITÉ ◈◈◈

16. Répondez à ses affirmations.

La Rochelle est l'ancienne capitale de l'Aunis.

☐ Vrai ☐ Faux

En 1887, Rochefort est le plus important des ports de guerre.

☐ Vrai ☐ Faux

L'île d'Aix est une île peu fortifiée.

☐ Vrai ☐ Faux

Le bassin d'Arcachon est un étang d'eau douce.

☐ Vrai ☐ Faux

En 1887, Bordeaux est le troisième port de France.

☐ Vrai ☐ Faux

◈◈◈ UNE HISTOIRE D'EAU ◈◈◈

17. Reliez ces eaux minérales à leur département.

Isère •	• Evian
Haute-Savoie •	• Uriage
Savoie •	• Vichy
Allier •	• Aix

18. Citez les principaux cours d'eau qui prennent leur source dans les Pyrénées.

....

....

....

....

....

◈◈◈ À BON PORT ◈◈◈

19. Reliez ces villes au port correspondant.

Toulon •	• Premier port de commerce
Marseille •	• Grand port du temps des romain
Fréjus •	• Petit port
Antibes •	• Premier port de guerre

◈◈◈ COCHER C'EST GAGNER ◈◈◈

20. Le mont Canigou s'élève à près de :

☐ 2 600 mètres

☐ 2 700 mètres

☐ 2 800 mètres

21. Le canal du Midi a été conçu par :

☐ Vauban

☐ Jean-Baptiste Colbert

☐ Nicolas Fouquet

22. L'objectif de ce canal était de :

☐ relier l'Atlantique à la Méditerranée

☐ permettre un accès direct aux plages du Midi

☐ créer une balade bucolique pour les touristes

23. Au large de la rade d'Hyères se trouvent les îles d'Hyères qui se nomment

☐ l'île Sainte-Marguerite et l'île Saint-Honorat

☐ Pomègues, Ratonneau, If et Tiboulen

☐ Porquerolles, Port-Cros et l'île du Levant

24. Quelle ville française offre l'hiver le plus doux ?

☐ Colmar ☐ Nice

☐ Biarritz ☐ Trouville

25. Le sommet du mont Blanc s'élève à environ :

☐ 3 970 mètres ☐ 4 810 mètres

☐ 4 610 mètres ☐ 4 970 mètres

◈◈◈ ÉCRITURE ◈◈◈

26. Comment se nomme le tunnel qui relie la France à l'Italie ?

....

27. Retrouvez le nom des 3 chaînes secondaires des Alpes.

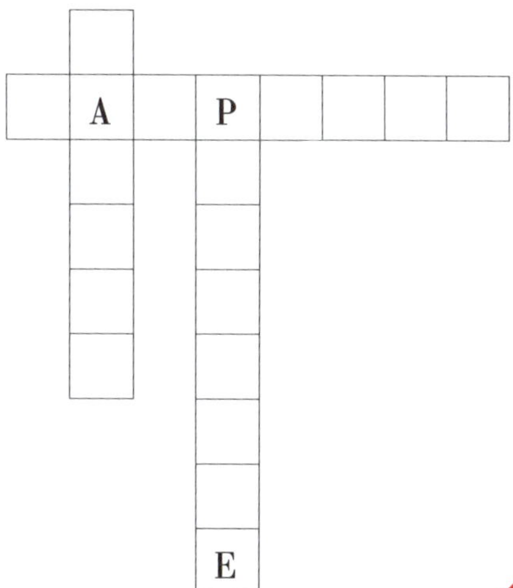

◆◆◆ EN QUÊTE DE VÉRITÉ ◆◆◆

28. Vrai ou faux ?

L'Arve est un cours d'eau qui prend sa source dans le Jura.

☐ Vrai ☐ Faux

Belfort est une grande place forte.

☐ Vrai ☐ Faux

Besançon est une terre de l'horlogerie.

☐ Vrai ☐ Faux

Le ballon d'Alsace sert de séparation entre les départements du Doubs et des Vosges, le territoire de Belfort et l'Alsace.

☐ Vrai ☐ Faux

◆◆◆ NOS CŒURS MEURTRIS ◆◆◆

29. À la fin de la guerre de 1870, la France a perdu :

☐ l'Alsace et le nord de la Lorraine

☐ l'Alsace et le sud de la Lorraine

☐ le nord de l'Alsace et Lorraine

☐ le sud de l'Alsace et la Lorraine

◆◆◆ ÉCRITURE ◆◆◆

30. Citez au moins trois points des plus importants des Vosges.

1. ....

2. ....

3. ....

31. Complétez cette phrase :

Les cours d'eau qui prennent leur source dans les Vosges sont la .... et son affluent, la .... ; dans les Faucilles, la ....

◆◆◆ COCHER C'EST GAGNER ◆◆◆

32. Qui créa une remarquable barrière de forteresses à la frontière belge au XVIIe siècle ?

☐ Vauban ☐ Jean-Sébastien Colbert

☐ Nicolas Fouquet

33. Le massif de la Grande-Chartreuse doit son nom à :

☐ une liqueur ☐ un couvent ☐ une plante

34. Dessinez la forme générale du grand massif.

◇◇◇ LE BON SENS ◇◇◇

35. Le mot causse signifie :

- ☐ cime suprême d'une montagne
- ☐ plateau dénudé, sans arbres et sans eau
- ☐ amas de neige dans la haute montagne

◇◇◇ MOTS MÊLÉS ◇◇◇

36. Retrouvez les noms suivant dans la grille ci-dessous :

AIGOUAL • BEAUJOLAIS • CÉVENNES • DORE • ESPINOUSE • FOREZ • MARGERIDE • MÉJEAN • VELAY • VIVARAIS • MONT LOZÈRE • PUY DE DÔME • AUBRAC • CANTAL • SÉGALA • MILLEVACHES

H	M	O	V	E	L	A	Y	K	G	H	Y	D	R
M	D	B	E	A	U	J	O	L	A	I	S	E	U
O	C	O	M	V	I	V	A	R	A	I	S	S	F
N	E	M	R	I	C	G	A	K	A	L	C	P	D
T	P	V	A	E	L	G	F	O	I	Z	A	I	P
L	M	K	X	R	S	L	Q	G	G	G	N	N	U
O	E	N	S	E	G	L	E	W	O	H	T	O	Y
Z	J	A	A	E	F	E	M	V	U	W	A	U	D
E	E	U	W	D	G	F	R	B	A	Z	L	S	E
R	A	B	X	X	P	A	X	I	L	C	X	E	D
E	N	R	L	C	U	E	L	R	D	Q	H	S	O
V	M	A	R	A	S	B	E	A	B	E	T	E	M
Q	Y	C	R	Z	C	E	V	E	N	N	E	S	E
H	V	N	W	W	J	M	F	O	R	E	Z	B	A

MOTS CROISÉS

37. À l'aide des définitions ci-dessous, complétez les mots croisés.

HORIZONTAL :

1. Centre géométrique de la France. Le Cher y coule.
4. Il arrose l'Aisne et la Seine-et-Marne.
5. La Garonne y change de nom.
8. Torrent rapide qui prend sa source au mont Blanc.
10. Elle prend sa source au mont Gerbier-des-Joncs.
11. Prend sa source dans le massif de la Maladetta.
13. Rivière passant à Bourges.
14. La Seine y prend sa source.

VERTICAL :

2. Prend sa source dans le nord du plateau de Langres.
3. Prend sa source à peu de distance de celle de l'Oise, dans la plaine qui sépare les Ardennes de l'Artois.
6. Delta baigné au sud par la mer et des deux autres côtés par le Rhône.
7. Prend sa source près du mont Lozère.
9. Ville où se jette l'Yonne et la Seine.
12. Cours d'eau passant à Cambrai.

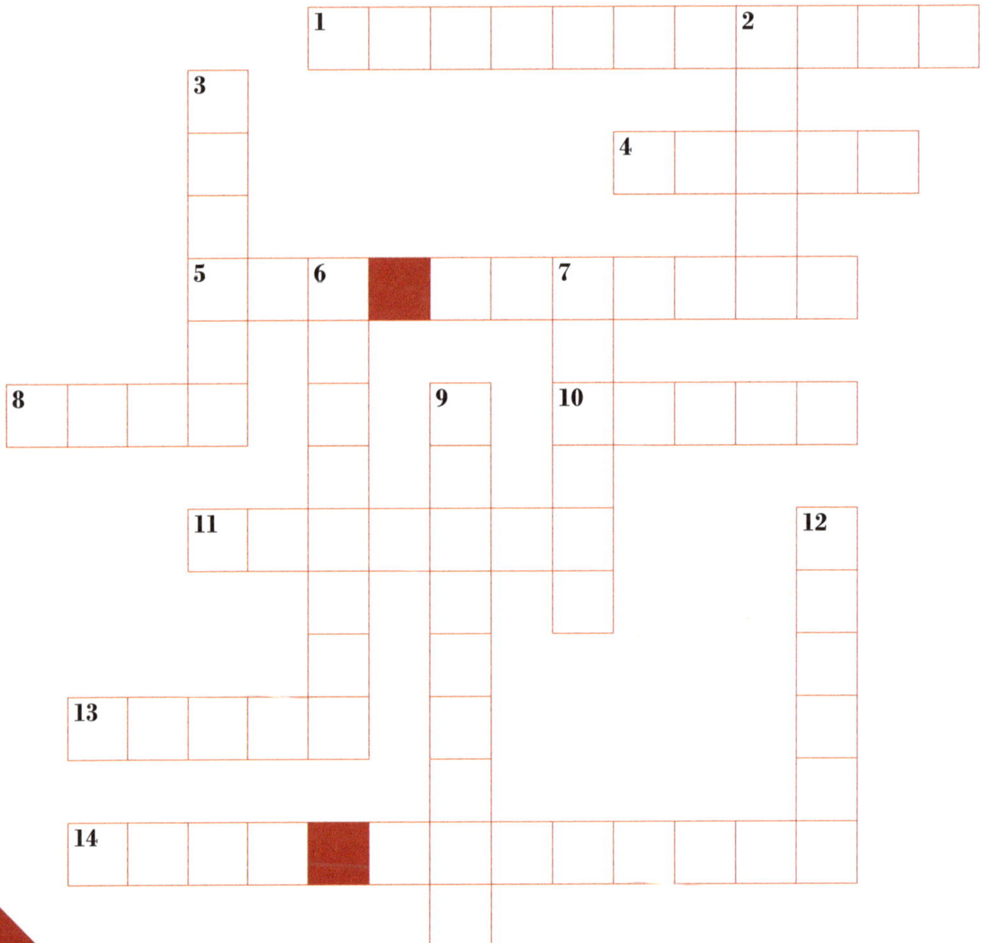

ÉCRITURE

38. Complétez le texte suivant :

Les quatre grands fleuves passent chacun dans plusieurs chefs-lieux :

- *La ...., à Troyes, à M..............., à Paris, à Rouen ;*
la **Loire**, *à N................., à O................. à B................., à T................., à N................. ;*
la **Garonne**, *à T................., à A........, à B................. ;*
le **Rhône**, *à L..............., à V................., à A.................*

Cinq autres cours d'eau passent chacun dans deux chefs-lieux.

- *La M................., à Chaumont et à Châlons ;*
la M................. et la M................., à Laval et à Angers ;
la **Sarthe**, *à A.............. et au M........... ;*
le **Tarn**, *à A................. et à M.............. ;*
le **Lot**, *à M................. et à C.................*

COCHER C'EST GAGNER

39. Dans quelles anciennes provinces se situent les villes suivantes ?

PAU

- ☐ Béarn
- ☐ Gascogne
- ☐ Guyenne
- ☐ Languedoc

GRENOBLE

- ☐ Dauphiné
- ☐ Savoie
- ☐ Lyonnais
- ☐ Comtat Venaissin

BOURGES

- ☐ Orléanais
- ☐ Touraine
- ☐ Berry
- ☐ Marche

METZ

- ☐ Alsace
- ☐ Franche-Comté
- ☐ Lorraine
- ☐ Champagne

MOULINS

- ☐ Champagne
- ☐ Bourgogne
- ☐ Nivernais
- ☐ Bourbonnais

STRASBOURG

- ☐ Alsace
- ☐ Franche-Comté
- ☐ Lorraine
- ☐ Champagne

SAINTES

- ☐ Aunis
- ☐ Saintonge
- ☐ Angoumois
- ☐ Poitou

ROUEN

- ☐ Bretagne
- ☐ Picardie
- ☐ Normandie
- ☐ Maine

NANTES

- ☐ Bretagne
- ☐ Anjou
- ☐ Maine
- ☐ Normandie

AMIENS

- ☐ Artois
- ☐ Flandre
- ☐ Picardie
- ☐ Île-de-France

LILLE

- ☐ Picardie
- ☐ Artois
- ☐ Marche
- ☐ Flandre

DIJON

- ☐ Champagne
- ☐ Lorraine
- ☐ Nivernais
- ☐ Bourgogne

BESANÇON

- ☐ Alsace
- ☐ Franche-Comté
- ☐ Lorraine
- ☐ Aunis

PERPIGNAN

- ☐ Languedoc
- ☐ Roussillon
- ☐ Provence
- ☐ Béarn

◈◈◈ À CHACUN SA SPÉCIALITÉ ◈◈◈

40. Sur quel territoire trouve-t-on les cultures suivantes ?

Beauce •	• Betterave
Bretagne •	• Blé
Nord •	• Sarrasin
Normandie •	• Colza

41. Sur quels territoires trouve-t-on les boissons suivantes ?

Normandie •	
Bretagne •	
Nord •	• Vin
Bourgogne •	• Bière
Touraine •	• Eau-de-vie
Alsace •	• Cidre
Charente •	• Champagne
Champagne •	
Bordelais •	

42. Dans quelle ville trouve-t-on les spécialités suivantes ?

Bayonne •	• Vinaigre
Metz •	• Jambon
Orléans •	• Saucisson
Dijon •	• Moutarde
Montélimar •	• Madeleine
Lyon •	• Nougat
Commercy •	• Pâté lorrain
Bordeaux •	• Bretzel
Strasbourg •	• Cannelés

RÉVISIONS

LA FORME DE LA FRANCE

1. Quels sont les huit côtés de l'octogone ?
2. Ces côtés sont-ils égaux ?
3. Comment se partage cet octogone ?

☞ *Si vous n'avez pas réussi à répondre, relisez la leçon p. 12.*

STRUCTURE GÉNÉRALE DE LA FRANCE

1. Que représentent les huit côtés de la France ?
2. Pourquoi la situation de la France est-elle avantageuse ?
3. Quelles sont les frontières de la France ?
4. Quelle est la structure intérieure de la France ? À quoi peut-on la comparer ?
5. Quelle est la superficie de la France ; comment peut-on se faire une idée de son étendue ?
6. Quelle est la longueur de la France du Nord au Sud ? Quelle est la distance de l'île d'Ouessant au mont Donon, de La Rochelle à l'entrée du Rhône en France ? Donnez quelques autres longueurs.

☞ *Si vous n'avez pas réussi à répondre, relisez la leçon p. 14.*

PREMIER CÔTÉ : DE DUNKERQUE À L'ÎLE D'OUESSANT

1. Que représente le premier côté de l'octogone ? • Comment se divise la côte comprise entre Dunkerque et l'île d'Ouessant ? • Comment se divise, à son tour, la côte comprise entre Dunkerque et le Cotentin ? • Décrivez très sommairement la côte de la mer du Nord (c'est-à-dire de quel côté est-elle tournée ? comment peut-elle être représentée ? de quoi est-elle formée ? quels en sont les points importants) ? • Qu'est-ce que Dunkerque ? Calais ? • Quel travail doit-on faire près de Calais ? • Qu'est-ce que le cap Blanc-Nez ?
2. Décrivez la côte de la Picardie. • Quel est le point le plus rapproché de l'Angleterre ? • Qu'est-ce que Boulogne ? la Canche ? la Somme ?
3. Décrivez la côte du pays de Caux. • Qu'est-ce que le Tréport ? Dieppe ? Saint-Valery-en-Caux ? Fécamp ? Étretat ? le cap de la Hève ? le Havre ? • Parlez de l'embouchure de la Seine.
4. Décrivez la côte du Calvados. • Qu'est-ce que Honfleur ? Trouville ? l'Orne ? les rochers du Calvados ? la baie des Veys ?

☞ *Si vous n'avez pas réussi à répondre, relisez la leçon p. 17.*

PREMIER CÔTÉ : DE DUNKERQUE À L'ÎLE D'OUESSANT (suite)

1. Comment se divise la côte du Cotentin ? • Décrivez la côte du Cotentin ? • Qu'est-ce que la rade de la Hougue ?
2. Décrivez la côte nord du Cotentin ? • Qu'est-ce que la pointe de Barfleur ? Cherbourg ? le cap de la Hague ?
3. Décrivez la côte ouest du Cotentin. • Qu'est-ce que le raz Blanchard ? le Nez-de-Jobourg ? le passage de la Déroute ? Granville ? la baie du Mont-Saint-Michel ?
4. Comment se divise la côte comprise entre le Contentin et l'extrémité nord-ouest de la Bretagne ? • Qu'est-ce que le grouin de Cancale ? la Rance ? le cap Fréhel ? Paimpol ? l'île de Bréhat ? les épées de Tréguier ? les Sept-Îles ? Morlaix ? l'île de Batz ?

☞ *Si vous n'avez pas réussi à répondre, relisez la leçon p. 19.*

DEUXIÈME CÔTÉ : DE L'ÎLE D'OUESSANT À LA ROCHELLE

1. Que représente le deuxième côté de l'octogone ? • Comment se divise la côte de l'océan Atlantique proprement dit ?
2. Décrivez la côte ouest de la Bretagne. • Parlez de la pointe Saint-Mathieu, de la rade de Brest et du port de Brest. • Qu'est-ce que la presqu'île de Crozon ? la baie de Douarnenez ? la pointe du Baz ? la baie d'Audierne ? la pointe de Penmarch ?

3. Décrivez la côte sud de la Bretagne. • Où est Lorient ? • Parlez de la presqu'île de Quiberon, du Morbihan, de l'estuaire de la Loire.

4. Décrivez la côte du Poitou.

☞ *Si vous n'avez pas réussi à répondre, relisez la leçon p. 21.*

TROISIÈME CÔTÉ : DE LA ROCHELLE À LA BIDASSOA

1. Que représente le troisième côté ? • Comment se divise la côte du golfe de Gascogne ?

2. Décrivez la côte de l'Aunis et de la Saintonge. • Parlez de La Rochelle, de la Charente et de Rochefort ; de l'estuaire de la Gironde.

3. Décrivez la côte comprise entre la pointe de Grave et l'Adour. • Comment se sont formés les étangs de Gascogne ? • Parlez du bassin d'Arcachon ; du mouillage du cap Breton.

4. Décrivez la côte comprise entre l'Adour et la Bidassoa. • Qu'est-ce que Bayonne ? • Énumérez les principales saillies de la côte de Dunkerque à la Bidassoa ; les principales anfractuosités ; les principaux fleuves ; les principaux ports ; les principales stations de bains de mer ; les principales îles ; les départements maritimes.

☞ *Si vous n'avez pas réussi à répondre, relisez la leçon p. 23.*

QUATRIÈME CÔTÉ : DE LA BIDASSOA AU CAP CERBÈRE

1. Que représente le quatrième côté de l'octogone ? • Qu'est-ce que la chaîne des Pyrénées ? • Comment peut-on la diviser ? • Décrivez les Pyrénées Occidentales. • Qu'est-ce que le col de Roncevaux ? le pic du Midi de Pau ? le Vignemale ?

2. Décrivez les Pyrénées Centrales. • Qu'est-ce que le cirque de Gavarnie ? le mont Perdu ? le pic du Midi de Rigorre ? le mont Posets ? la Maladetta ? le val d'Aran ?

3. La grotte du Maz-d'Azil ? le mont Vallier ? le Montcalm ? le pic de Carlitte ? les Corbières ? le col de la Perche ? le Puigmal ? le mont Canigou ? le col de Perthus ?

4. Énumérez les principaux passages des Pyrénées ; les principaux sommets.

☞ *Si vous n'avez pas réussi à répondre, relisez la leçon p. 25.*

CINQUIÈME CÔTÉ : DU CAP CERBÈRE À LA FRONTIÈRE ITALIENNE

1. Que représente le cinquième côté ? • Comment se divise la côte de la Méditerranée ? • Décrivez la côte comprise entre le cap Cerbère et le delta du Rhône. Qu'est-ce que Port-Vendres ? • Parlez des étangs du Languedoc ; du port de Cette ; du delta du Rhône.

2. Décrivez la côte comprise entre le Grand-Rhône et la frontière italienne. • Parlez de l'étang de Berre ; de la baie de Marseille ; de la baie de la Ciotat ; de la rade de Toulon et du port de Toulon ; de la presqu'île de Giens ; de la rade d'Hyères ; des îles d'Hyères ; du golfe de Fréjus.

3. Qu'est-ce que Cannes ? le golfe Jouan ? les îles de Lérins ? Antibes ? le Var ? Nice ? la rade de Villefranche ? Monaco ? Menton ?

4. Énumérez les principales saillies de la côte de la Méditerranée ; les principales anfractuosités ; les principaux fleuves ; les principaux ports ; les principales villes d'hiver ; les principales îles.

5. Quelle est la forme de la Corse ? • Quels sont les points principaux de la côte occidentale ? de la côte orientale ? • La Corse a-t-elle des montagnes ?

☞ *Si vous n'avez pas réussi à répondre, relisez la leçon p. 28.*

SIXIÈME CÔTÉ : DE LA FRONTIÈRE ITALIENNE À L'ENTRÉE DU RHÔNE EN FRANCE

1. Que représente le sixième côté ? • Donnez un aperçu de la chaîne des Alpes. • Comment peut-on la diviser ? • Dites quelques mots de la chaîne principale.

2. Décrivez les Alpes Maritimes. • Qu'est-ce que le col de Tende ? le col de l'Argentière ?

3. Décrivez les Alpes Cottiennes. • Qu'est-ce que le mont Viso ? le col du mont Genèvre ? le mont Thabor ? le tunnel du pic de Fréjus ?

4. Décrivez les Alpes Grées. • Parlez du mont Cenis ; du Petit-Saint-Bernard ; du mont Blanc.

☞ *Si vous n'avez pas réussi à répondre, relisez la leçon p. 31.*

SIXIÈME CÔTÉ : DE LA FRONTIÈRE ITALIENNE À L'ENTRÉE DU RHÔNE EN FRANCE (suite)

1. Dites quelques mots des chaînes secondaires des Alpes. • Décrivez les Alpes de Provence. • Quels sont les massifs qui s'y rattachent ?

2. Quels sont les massifs qui forment les Alpes du Dauphiné ? • Parlez du Pelvoux ; du Vercors.

3. Quels sont les massifs qui forment les Alpes de Savoie ?

4. Quel ordre remarquez-vous parmi ces différents massifs ? • Quels sont les principaux passages des Alpes ? Si l'ennemi, venant d'Italie, parvenait à forcer la chaîne principale, que trouverait-il devant lui ? Énumérez les plus hauts sommets des Alpes.

☞ *Si vous n'avez pas réussi à répondre, relisez la leçon p. 34.*

SEPTIÈME CÔTÉ : DE L'ENTRÉE DU RHÔNE EN FRANCE AU MONT DONON

1. Que représente le septième côté de l'octogone ? • Comment se divise-t-il ? • Qu'est-ce que la chaîne du Jura ? • Comment peut-on la diviser ? •Parlez de la grande crête du Jura ; quels en sont les principaux sommets ? Quelle est la force de cette frontière ?

2. Parlez des plateaux du Jura. • Si l'ennemi, venant de Suisse, arrivait à forcer cette grande crête, que trouverait-il devant lui ?

3. Qu'cst-ce que la trouée de Belfort ? Quelle est l'importance de Belfort ? Qu'est-ce que la chaîne des Vosges ? Parlez de la crête principale ; des contreforts de l'Ouest. • Quelle est la force de cette frontière ?

☞ *Si vous n'avez pas réussi à répondre, relisez la leçon p. 36.*

HUITIÈME CÔTÉ : DU MONT DONON À DUNKERQUE

1. Que représente le huitième côté de l'octogone ? • Comment se divise la deuxième partie de la frontière allemande ? • Quelles sont les places qui la défendent ?

2. Paris est-il une place forte ?

3. Quelle était la frontière avant 1870 ? • Quels pays la France avait-elle en plus ? • Le Rhin était-il une bonne frontière ? Et les Vosges ? • Quelle était la frontière depuis les Vosges jusqu'à Longwy ? Qu'est devenue l'Alsace ?

4. Décrivez la frontière belge. Parlez des fortifications de Vauban. Quelle est leur valeur aujourd'hui ? Comment fortifie-t-on les villes ? • Comment se divise la frontière belge ? • Quelles sont les places fortes de Longwy à la Meuse ? de la Meuse à l'Escaut ? de l'Escaut à la mer ? • Quelles sont les défenses de seconde ligne ?

☞ *Si vous n'avez pas réussi à répondre, relisez la leçon p. 39.*

MASSIF CENTRAL

1. Quelle est la forme du grand massif ? • Quelles en sont les limites ? • Comment peut-on figurer le grand massif ? • De quoi est formé le grand massif ? • Quelle est la direction des trois chaînes ? • Où sont situés les deux massifs et les deux plateaux ?

2. Qu'est-ce que les Cévennes ? • Quels en sont les points importants ? • Qu'est-ce que le causse Méjean ? • Qu'est-ce que le mont Lozère ?

3. Nommez les montagnes qui prolongent les Cévennes au Nord. • Qu'est-ce que les monts du Vivarais ? Quels en sont les points importants ? Qu'est-ce que les monts du Lyonnais ? les monts du Beaujolais ?

4. Nommez les montagnes qui prolongent les Cévennes au sud. • Qu'est-ce que les monts Garrigues ? la montagne de l'Espinouse ? la montagne Noire ?

5. Quelle est la direction de toutes ces chaînes ? • Qu'est-ce que les monts du

Velay ? les monts du Forez ? les bois Noirs et les monts de la Madeleine ? • Qu'est-ce que les monts de la Margeride ? les monts Dore ? les monts Dômes ?

☞ Si vous n'avez pas réussi à répondre, relisez la leçon p. 42.

MASSIF CENTRAL (suite)

1. Qu'est-ce que les monts d'Aubrac ? le massif du Cantal ? le plateau de Ségala ? le plateau de Millevaches ?

2. Où sont situées les cinq hautes vallées ? • Qu'est-ce que la Limagne ? • Quelle est la hauteur des cinq hautes vallées ? • Que deviendrait le grand massif si la mer montait de 500 mètres ? • Quels sont les cours d'eau qui y prennent leur source ?

3. Où est situé le petit massif ? • De quoi est-il formé ? • Qu'est-ce que le Morvan ? • Qu'est-ce que la côte d'Or ? • À quoi peut-on comparer le petit massif ? • Quelles sont les hauteurs rattachées au petit massif ? • Quels sont les cours d'eau qui y prennent leur source ? • Quels sont les départements situés dans le Massif central ?

☞ Si vous n'avez pas réussi à répondre, relisez la leçon p. 44.

COURS D'EAU

1. Combien y a-t-il de grands bassins ? • Quelle est la direction de la Garonne ? du Rhône ? de la Loire ? de la Seine ?

2. Qu'appelle-t-on ceinture d'un bassin ? • Quelle est la ceinture du bassin de la Seine ? du bassin de la Loire ? du bassin de la Garonne ? du bassin du Rhône ?

3. Quelle est la région montagneuse du bassin de la Seine ? du bassin de la Loire ? du bassin de la Garonne ? du bassin du Rhône ?

4. Citez des cours d'eau calmes et réguliers ; des cours d'eau irréguliers ; des torrents. • Quelle espèce de cours d'eau est la Seine ? la Loire ? la Garonne ? le Rhône ?

5. Quelle est la surface des quatre grands bassins ?

6. Quel est le plus long fleuve de France ? • Quelle est la longueur de la Seine ? de la Garonne ? du Rhône ?

☞ Si vous n'avez pas réussi à répondre, relisez la leçon p. 47.

BASSIN DE LA SEINE

Décrivez le cours de la Seine. • Énumérez ses affluents ; ses sous-affluents ; les départements arrosés par chaque cours d'eau.

☞ Si vous n'avez pas réussi à répondre, relisez la leçon p. 49.

BASSIN DE LA LOIRE

Décrivez le cours de la Loire. • Énumérez ses affluents ; ses sous-affluents ; les départements arrosés par chaque cours d'eau.

☞ Si vous n'avez pas réussi à répondre, relisez la leçon p. 51.

BASSIN DE LA GARONNE

Décrivez le cours de la Garonne. • Énumérez ses affluents ; ses sous-affluents ; les départements arrosés par chaque cours d'eau.

☞ Si vous n'avez pas réussi à répondre, relisez la leçon p. 54.

BASSIN DU RHÔNE

Décrivez le cours du Rhône. • Énumérez ses affluents ; ses sous-affluents ; les départements arrosés par chaque cours d'eau.

☞ Si vous n'avez pas réussi à répondre, relisez la leçon p. 56.

FRACTIONS DE BASSINS ÉTRANGERS

1. Quels sont les bassins étrangers dont une fraction est française ? • Décrivez le cours de la Moselle. • Quels sont ses affluents ? • Décrivez le cours de la Meuse. • Quels sont ses affluents ? Décrivez le cours de l'Escaut. • Quels sont ses affluents ? les départements arrosés par ces cours d'eau ?

2. Dans quels chefs-lieux passe la Seine ? la Loire ? la Garonne ? le Rhône ? la Marne ? la Mayenne et la Maine ? la Sarthe ? le Tarn ? le Lot ?

3. Citez des cours d'eau qui passent dans un seul chef-lieu. • Citez des cours d'eau importants qui ne passent dans aucun chef-lieu.

☞ *Si vous n'avez pas réussi à répondre, relisez la leçon p. 59.*

LA FORMATION TERRITORIALE DE LA FRANCE

1. Quelle était l'étendue de la Gaule ? • Par qui fut-elle conquise ? • Par quels barbares fut-elle envahie ?

2. Qu'est-ce que le traité de Verdun ? • Qu'était la France sous les premiers Capétiens ? • Quelles sont les acquisitions de Philippe-Auguste, de Philippe III, de Philippe le Bel, de Philippe VI ?

3. Quelles sont les provinces perdues pendant la guerre de Cent Ans, puis reconquises ? • Quelles sont les acquisitions de Louis XI ? celles de Charles VIII, de François Ier, de Henri II, de Henri IV, de Louis XIII, de Louis XIV, de Louis XV ? • Comment la France était-elle divisée en 1789 ?

4. Comment ont été formés les départements ?

5. Quelles sont les acquisitions de la France depuis 1789 ?

6. Quelles provinces avons-nous perdues en 1870 ?

☞ *Si vous n'avez pas réussi à répondre, relisez la leçon p. 61.*

LES ANCIENNES PROVINCES

1. Quelles sont les provinces qui touchent la mer ? • Énumérez les autres. • Quelles sont les plus grandes provinces et les plus petites ? • Par quelles provinces passe la méridienne de Paris ?

2. Quelle est la capitale de chaque province ?

3. Les provinces forment-elles des régions naturelles ?

4. Pourquoi faut-il les connaître ?

☞ *Si vous n'avez pas réussi à répondre, relisez la leçon p. 63.*

CONCORDANCE ENTRE LES PROVINCES ET LES DÉPARTEMENTS

Les départements sont-ils des divisions exactes des anciennes provinces ? • Quels sont les départements formés par l'Île-de-France ? par la Bretagne ? par le Poitou ? par l'Anjou ? par le Maine ? par la Normandie ?

☞ *Si vous n'avez pas réussi à répondre, relisez la leçon p. 65.*

VILLES

Quelles sont les principales villes de la région de Paris ? • Quels sont les principaux ports de la région de l'Ouest ? les autres villes importantes de la même région ? les villes principales du département du Nord ? du Pas-de-Calais ? de l'Aisne ? de la Somme ? de la Champagne ? de la Lorraine ? de la Bourgogne ?

☞ *Si vous n'avez pas réussi à répondre, relisez la leçon p. 67.*

VILLES (suite)

Quelles sont les villes principales de la région du Centre, les routes de Paris à l'Océan, de Paris à Toulouse, de Paris au Massif central, à la Méditerranée ? • Quelles sont les villes de la région du Sud-Est et de la Corse ? de la région du Midi ? de la région du Sud-Ouest ?

☞ *Si vous n'avez pas réussi à répondre, relisez la leçon p. 70.*

POPULATION

Quelles sont les villes qui ont plus de 100 000 habitants ? • Quelle est la population de la France ? Augmente-t-elle ? • Toutes les grandes villes sont-elles des chefs-lieux ? • Où sont situées la plupart des grandes villes ? • Quels sont les chefs-lieux de corps d'armée ? les cours d'appel ? les académies ?

☞ *Si vous n'avez pas réussi à répondre, relisez la leçon p. 73.*

CLIMAT – TERRAINS – PRODUCTIONS DU SOL – AGRICULTURE

1. Expliquez comment le climat de la France est tempéré, comment il varie suivant la latitude, les nuages et les vents, l'altitude ?

2. Dites quelques mots de la géologie de la France.

3. Quelles sont les principales productions de la France ? • Quels sont les pays qui produisent le plus de blé, etc. ? • Quels sont les pays à pâturages ? les régions les plus boisées ? les pays à vins ? les pays à pommes ? • Où l'agriculture est-elle le plus développée ?

☞ *Si vous n'avez pas réussi à répondre, relisez la leçon p. 76.*

INDUSTRIE

Quelles sont les principales mines de houille de la France ? • Est-elle riche en fer, en autres métaux, en pierres à bâtir ? • Quelles sont les principales eaux minérales ? • Quels sont les principaux produits industriels de la France ? les principales usines métallurgiques ? • Où sont les grandes tanneries ? les grandes fabriques de produits chimiques ? les grandes minoteries ? les fabriques de conserves alimentaires ? les grandes raffineries ? • Où fabrique-t-on l'huile d'olive ? les principaux fromages ? la bière ? les liqueurs ? Citez quelques spécialités.

☞ *Si vous n'avez pas réussi à répondre, relisez la leçon p. 80.*

INDUSTRIE (suite)

Quelles sont les villes qui fabriquent des tissus de laine ? des tissus de soie ? des tissus de coton ? des toiles ? des vêtements ? des dentelles ? des bijoux ? • Où l'industrie du bâtiment est-elle la plus développée ? • Où fabrique-t-on les meubles ? les tapis ? les glaces, le cristal et la verrerie ? les faïences et les porcelaines ? les articles de ménage ? l'huile d'éclairage, la bougie ? le gaz ? le papier ? • Où sont les grandes imprimeries ? les grandes horlogeries ? • Où fabrique-t-on les locomotives et les rails ?

☞ *Si vous n'avez pas réussi à répondre, relisez la leçon p. 82.*

COMMERCE

Donnez une idée du commerce intérieur de la France. • Quels sont les grands marchés pour les blés, pour le bétail, etc. ? les grands entrepôts de vins ? • Quels sont nos principaux articles d'importation, et d'où nous viennent-ils ? • Quels sont nos principaux articles d'exportation, et à qui les vendons-nous ? • Qu'est-ce que le commerce de transit ? • Quel est le rang de la France, au point de vue du commerce ; au point de vue de la marine marchande ? • Quels sont les principaux ports de la France ?

☞ *Si vous n'avez pas réussi à répondre, relisez la leçon p. 84.*

EXAMEN

Passez votre certificat d'études !

Répondez aux questions de géographie sur lesquelles les élèves ont planché en 1924.

1. Nommez les grands ports français situés sur les fleuves. 1,5 points

2. Nommez les ports situés sur l'océan Atlantique et réalisez un croquis. 5 points

3. Quelles sont les principales richesses de la région du Nord ? 3 points

4. Citez cinq grands ports de commerce français. 2,5 points

5. Nommez les villes principales des Alpes françaises. 3 points

6. Que savez-vous de Marseille ? 2 points

7. Réalisez un croquis de la Bretagne. 3 points

8. Que savez-vous sur la Garonne ? 2 points

9. Qu'extrait-on du sol en Haute-Marne ? 1 point

10. Décrivez l'Alsace, son relief, ses cours d'eau, ses ressources agricoles, ses principales industries, ses principales villes. 3 points

11. Quelles régions en France produisent du vin ? 2 points

12. De quand datent les chemins de fer ? Ne rencontrèrent-ils aucune opposition à leur début ? 2 points

13. Dans quelles régions françaises cultive-t-on le blé ? Où achète-t-on le blé qui nous manque ? Quel inconvénient présente l'achat du blé à étranger pour le moment ? 3 points

14. Dessinez les côtes du Golfe du Lion. 5 points

15. Quelles sont les productions du Massif central : agricoles, minérales, industrielles ? 3 points

16. Croquis de la Loire de sa source à Orléans (villes, principaux affluents). 5 points

17. Quelles sont nos principales places fortes ? 2 points

18. Tracez la côte de la Manche, indiquez les îles, l'embouchure des principaux cours d'eau. Situez les ports les plus importants. 5 points

19. Citez deux canaux de jonction entre la Seine et la Loire, un entre la Loire et le Rhône, un entre la Seine et le Rhin. 2 points

....

....

....

....

....

20. Faites un croquis de la Seine et de ses affluents. Dites quelles sont les principales villes situées sur la Seine et indiquez-les sur le croquis. Tracez en bas et à gauche une ligne qui représente 100 km à l'échelle de votre carte. 5 points

TOTAL : ...... / 60 points

SOLUTIONS DES JEUX

1. 8 côtés, même si hexagone veut bien dire « polygone à six côtés ».

2. Un octogone fera l'affaire.

3. Mer du Nord, Manche, Océan Atlantique, Méditerranée.

4. 1 108 km.

5. Le cap Gris-Nez.

6. Mines, Douai ; Locomotives, Fives-Lille ; Toiles et bêtises, Cambrai ; Tulle, Saint-Pierre-lès-Calais.

7. Ne se prononce pas, mais au fond de la baie se jette un petit fleuve qui sépare la Normandie de la Bretagne.

8. Le Roquefort parce que c'est un fromage du Massif central alors que les autres fromages sont des fromages normands.

9. Du Havre, Quillebeuf, Trouville.

10. Le passage de la Déroute.

12. Église des Dunes.

13. La presqu'île de Crozon s'avance en forme de **croix** entre la rade de **Brest** et la baie de **Douarnenez**.

14. L'île de Ré et l'île d'Yeu.

15. De Cordouan.

16. Vrai / Faux / Faux / Faux / Vrai.

17. Isère, Uriage ; Haute-Savoie, Evian ; Savoie, Aix ; Allier, Vichy.

18. La Bidassoa, l'Adour, la Garonne.

19. Toulon, premier port de guerre ; Marseille, premier port de commerce ; Fréjus, grand port au temps des Romains ; Antibes, petit port.

20. 2 800 mètres.

21. Colbert.

22. Relier l'Atlantique à la Méditerranée.

23. Porquerolles, Port-Cros, l'île du Levant.

24. Nice

25. 4 810 mètres.

26. Le tunnel du pic de Fréjus.

27. Dauphiné, Savoie, Provence.

28. Faux / Vrai / Vrai / Faux.

29. L'Alsace et le Nord de la Lorraine.

30. Les points les plus importants des Vosges sont le ballon d'Alsace, le col de Bussang, le ballon de Guebwiller, le Honeck, le col de la Schlucht, les Hautes-Chaumes, la trouée de Saales et le mont Donon.

31. La Moselle, la Meurthe, la Saône.

32. Vauban.

33. Un couvent.

34. Un triangle aux côtés inégaux fera l'affaire.

35. Plateau dénudé, sans arbres et sans eau.

36.

H	M	O	V	E	L	A	Y	K	G	H	Y	D	R
M	D	B	E	A	U	J	O	L	A	I	S	E	U
O	C	O	M	V	I	V	A	R	A	I	S	S	F
N	E	M	R	I	C	G	A	K	A	L	C	P	D
T	P	V	A	E	L	G	F	O	I	Z	A	I	P
L	M	K	X	R	S	L	Q	G	G	G	N	N	U
O	E	N	S	E	G	L	E	W	O	H	T	O	Y
Z	J	A	A	E	F	E	M	V	U	W	A	U	D
E	E	U	W	D	G	F	R	B	A	Z	L	S	E
R	A	B	X	X	P	A	X	I	L	C	X	E	D
E	N	R	L	C	U	E	L	R	D	Q	H	S	O
V	M	A	R	A	S	B	E	A	B	E	T	E	M
Q	Y	C	R	Z	C	E	V	E	N	N	E	S	E
H	V	N	W	W	J	M	F	O	R	E	Z	B	A

37. 1. Saint-Amand ; 2. Marne ; 3. Sambre ; 4. Ourcq ; 5. Bec d'Ambez ; 6. Camargue ; 7. Allier ; 8. Avre ; 9. Montereau ; 10. Loire ; 11. Garonne ; 12. Escaut ; 13. Yèvre ; 14. Mont Tasselot.

38. Seine, Melun ; Nevers, Orléans, Blois, Tours, Nantes ; Toulouse, Agen, Bordeaux ; Lyon, Valence, Avignon.

Marne ; Mayenne, Maine ; Alançon, Mans ; Albi, Montauban ; Mende, Cahors.

39. Béarn ; Berry ; Bourbonnais ; Saintonge ; Bretagne ; Flandre ; Franche-Comté ; Dauphiné ; Lorraine ; Alsace ; Normandie ; Picardie ; Bourgogne ; Roussillon.

40. Beauce, blé ; Bretagne, sarrasin ; Nord, betterave ; Normandie, colza.

41. Vin : Bourgogne, Touraine, Alsace, Bordelais ; Bière : Nord, Alsace ; Eau-de-vie : Charente ; Cidre : Normandie, Bretagne ; Champagne : champagne.

42. Bayonne, jambon ; Bordeaux, cannelés ; Commercy, madeleine ; Dijon, moutarde ; Lyon, saucisson ; Metz, pâté lorrain ; Montélimar, nougat ; Orléans, vinaigre ; Strasbourg, bretzel.

CORRIGÉS DE L'EXAMEN

1. Les grands ports français situés sur les fleuves sont : Rouen, situé sur la Seine ; Nantes, situé sur la Loire ; Bordeaux, situé sur la Garonne.

2. Les ports situés sur l'océan Atlantique sont du nord au sud : Brest, premier port militaire ; Lorient, port militaire ; Saint-Nazaire et Nantes, ports de commerce ; La Rochelle et son avant-port La Pallice ; Rochefort, port militaire ; Bordeaux, grand port de commerce, et Bayonne. Pour le croquis, voir les cartes p. 21 et 24.

3. Les principales richesses de la région du Nord sont d'abord, la houille, ensuite l'industrie et l'agriculture. Le Nord assurait avant la guerre les deux tiers de la production française : avec la houille, les industries métallurgiques de Fivès-Lille, Valenciennes, Douai, Denain. Une des plus anciennes industries de cette région est l'industrie textile. Roubaix et Tourcoing, deux centres lainiers parmi les plus importants du monde ; Lille, Calais, pour les cotonnades ; Lille-Armentières, Cambrai pour les toiles. Au point de vue agricole, la région du Nord arrive au premier rang pour la culture de la betterave, du blé à gros rendement. L'élevage y est très prospère.

4. Les cinq grands ports de commerce français sont, par ordre d'importance : Marseille, Le Havre, Rouen, Bordeaux, Dunkerque.

5. Grenoble, Chambéry, Annecy, Digne, Gap, Briançon.

6. Marseille, situé sur la côte est de la baie du Golfe du Lion, au 3e rang par sa population (360 000 habitants), est le premier port de la France et le cinquième du monde entier. Marseille appartient au département des Bouches-du-Rhône et appartenait à l'ancienne province de Provence. C'est la grande ville de la région du Sud-Est. Elle connaît un essor commercial considérable devenant une ville industrielle et négociante prospère.

8. La Garonne prend sa source dans les Pyrénées, arrose Toulouse et Bordeaux. On lui donne le nom de Gironde après sa réunion avec la Dordogne. La Gironde se jette dans l'Océan Atlantique.

9. Le fer.

10. Des Vosges au Rhin, s'étend la riche et belle plaine alsacienne avec ses vignes, ses champs de blé et de houblon. Elle est très peuplée. Au sud, Belfort, dans un large passage ou trouée qui conduit aux canaux et chemins de fer du Rhin au Rhône, Mulhouse (100 000 habitants), qui tisse le coton. Plus au nord, Colmar, vieille et curieuse ville, et Strasbourg (166 000 habitants), la capitale alsacienne, port très actif sur le Rhin, large et profond.

11. Les régions françaises qui produisent du vin sont : la Champagne et la Bourgogne à l'est ; au centre, la Touraine ; au Midi, le Bordelais et le Languedoc.

12. Le premier chemin de fer apparut en Angleterre le 27 septembre 1825. C'est au temps de Louis-Philippe, en 1842, que furent construits les premiers chemins de fer en France. Ils rencontrèrent, par suite de l'ignorance, des préjugés, de la routine, une assez vive opposition.

13. On cultive le blé dans la région du Nord, dans la Brie, la Beauce, la vallée de la Saône, la Limagne. Nous achetons le blé qui nous manque surtout aux États-Unis en ce moment. L'achat du blé à l'étranger est une des causes, actuellement, de l'augmentation du prix du pain.

14. Voir le croquis p. 28.

15. Les productions agricoles du Massif central sont : l'élevage (bœufs du Charolais, du Cantal, chevaux et bœufs du Limousin, mouton des Causses) ; le blé, dans la seule partie vraiment fertile : la Limagne. Les productions minérales sont : les eaux thermales et minérales (Vichy, Châtelguyon, etc.) ; la houille (bassins de Saint-Étienne, du Creusot, de l'Aveyron) ; le kaolin (Saint-Yrieix). Les productions industrielles sont variées : usines métallurgiques du Creusot, de Saint-Étienne, Firminy, Saint-Chamond,

Rive-de-Gier ; textiles de Saint-Étienne, Tarare, Roanne, Mazamet, Castres ; céramiques (Limoges, Carmaux, Montluçon).

16. Voir carte p. 51.

17. Nos principales places fortes sont : Metz, Strasbourg, Toul, Verdun, Lille et Paris pour la frontière Nord-Est ; Épinal, Belfort, Besançon, Lyon et Grenoble pour la frontière de l'Est et du Sud-Est.

18. Voir cartes p. 17 et 20.

19. Deux canaux de jonction entre la Seine et la Loire : le canal du Loing, le canal du Nivernais. Entre la Loire et le Rhône : le canal du Centre. Entre la Seine et le Rhin : le canal de la Marne au Rhin.

20. Les principales villes arrosées par la Seine sont : Châtillon-sur-Seine, Bar-sur-Seine, Troyes, Nogent sur-Seine, Melun, Paris, Mantes, Rouen. Elle se jette dans la Manche entre le Havre et Honfleur. Pour le croquis, voir la carte p. 49.

SOLUTIONS DES CARTES MUETTES

☞ *carte p. 88.*

☞ *cartes p. 89,90 et 91.*

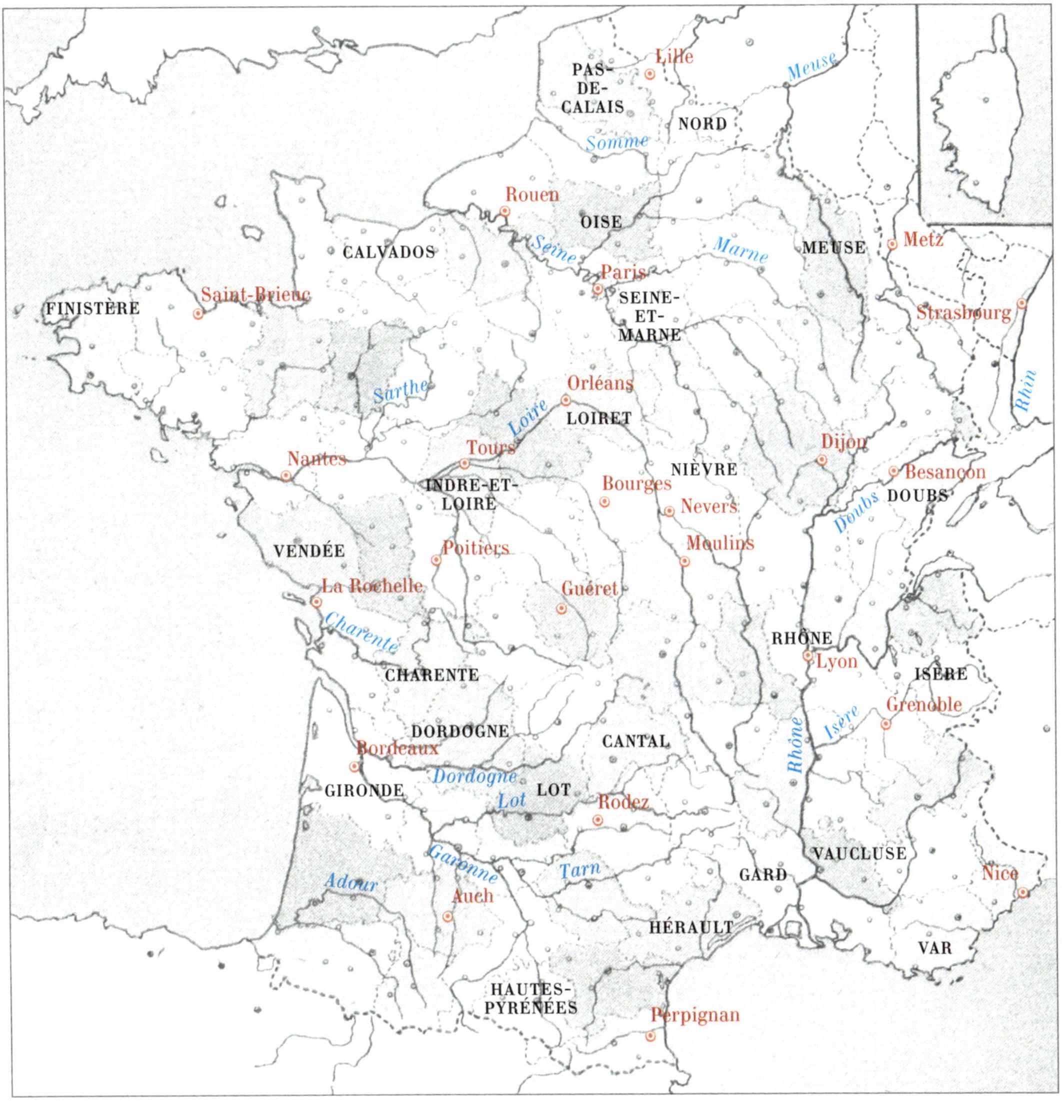

☞ *cartes p. 92 et 93.*

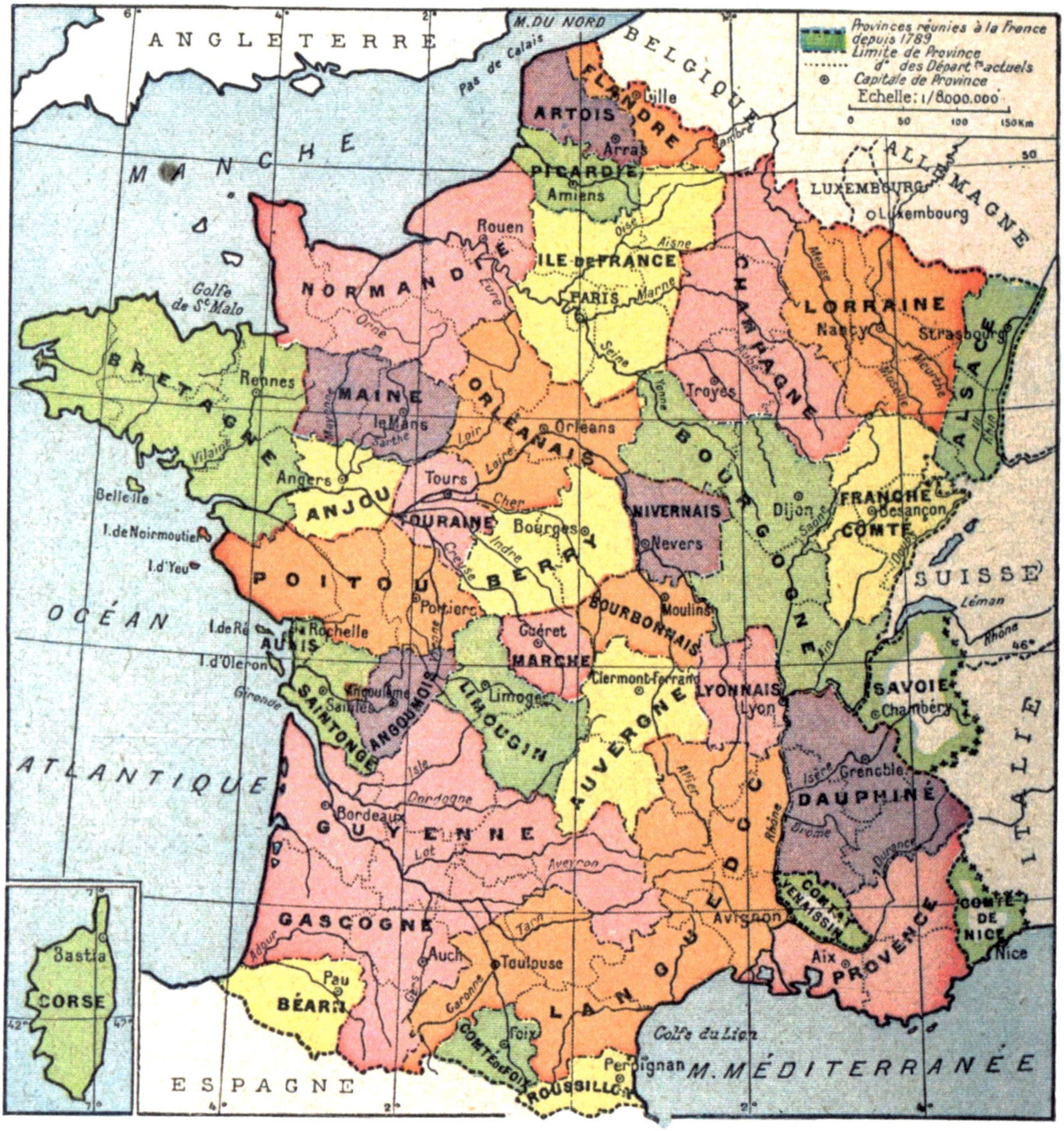

TABLE DES MATIÈRES

Préface 7

Avertissement de l'éditeur.................... 9

LEÇONS

1re leçon. Forme de la France 12

2e leçon. Structure générale de la France... 14

3e leçon. Premier côté – de Dunkerque à l'île d'Ouessant...................... 17

4e leçon. Premier côté – de Dunkerque à l'île d'Ouessant (suite) 19

5e leçon. Deuxième côté – de l'île d'Ouessant à La Rochelle..................... 21

6e leçon. Troisième côté – de la Rochelle à la Bidassoa.......................... 23

7e leçon. Quatrième côté – de la Bidassoa au cap Cerbère......................... 25

8e leçon. Cinquième côté – du cap Cerbère à la frontière italienne............... 28

9e leçon. Sixième côté – de la frontière italienne à l'entrée du Rhône en France............................ 31

10e leçon. Sixième côté – de la frontière italienne à l'entrée du Rhône en France (suite) 34

11e leçon. Septième côté – de l'entrée du Rhône en France au mont Donon.... 36

12e leçon. Huitième côté – du mont Donon à Dunkerque 39

13e leçon. Massif central...................... 42

14e leçon. Massif central (suite) 44

15e leçon. Cours d'eau 47

16e leçon. Bassin de la Seine 49

17e leçon. Bassin de la Loire 51

18e leçon. Bassin de la Garonne............. 54

19e leçon. Bassin du Rhône................... 56

20e leçon. Factions de bassins étrangers.... 59

21e leçon. Formation territoriale de la France.......................... 61

22e leçon. Les anciennes provinces.......... 63

23e leçon. Concordance entre les provinces et les départements 65

24e leçon. Villes 67

25e leçon. Villes (suite) 70

26e leçon. Population.......................... 73

27e leçon. Climat. Terrain. Production du sol. Agriculture 76

28e leçon. Industrie........................... 80

29e leçon. Industrie (suite) 82

30e leçon. Commerce 84

À VOUS DE JOUER !

Cartes muettes................................ 88

Jeux 94

Révisions 103

Examen..109

Solutions 119

LISTE DES DÉPARTEMENTS DE LA FRANCE EN 1887

avec l'indication des chefs-lieux

	Département	Chef-lieu
1.	Ain	Bourg
2.	Aisne	Laon
3.	Allier	Moulins
4.	Alpes (Basses-)	Digne
5.	Alpes (Hautes-)	Gap
6.	Alpes-Maritimes	Nice
7.	Ardèche	Privas
8.	Ardennes	Mézières
9.	Ariège	Foix
10.	Aube	Troyes
11.	Aude	Carcassonne
12.	Aveyron	Rodez
13.	Bouches-du-Rhône	Marseille
14.	Calvados	Caen
15.	Cantal	Aurillac
16.	Charente	Angoulême
17.	Charente-Inférieure	La Rochelle
18.	Cher	Bourges
19.	Corrèze	Tulle
20.	Corse	Ajaccio
21.	Côte-d'Or	Dijon
22.	Côtes-du-Nord	Saint-Brieuc
23.	Creuse	Guéret
24.	Dordogne	Périgueux
25.	Doubs	Besançon
26.	Drôme	Valence
27.	Eure	Évreux
28.	Eure-et-Loir	Chartres
29.	Finistère	Quimper
30.	Gard	Nîmes
31.	Garonne (Haute-)	Toulouse
32.	Gers	Auch
33.	Gironde	Bordeaux
34.	Hérault	Montpellier
35.	Ille-et-Vilaine	Rennes
36.	Indre	Châteauroux
37.	Indre-et-Loire	Tours
38.	Isère	Grenoble
39.	Jura	Lons-le-Saulnier
40.	Landes	Mont-de-Marsan
41.	Loir-et-Cher	Blois
42.	Loire	Saint-Étienne
43.	Loire (Haute-)	Le Puy
44.	Loire-Inférieure	Nantes
45.	Loiret	Orléans
46.	Lot	Cahors
47.	Lot-et-Garonne	Agen
48.	Lozère	Mende
49.	Maine-et-Loire	Angers
50.	Manche	Saint-Lô
51.	Marne	Châlons-sur-Marne
52.	Marne (Haute-)	Chaumont
53.	Mayenne	Laval
54.	Meurthe-et-Moselle	Nancy
55.	Meuse	Bar-le-Duc
56.	Morbihan	Vannes
57.	Nièvre	Nevers
58.	Nord	Lille
59.	Oise	Beauvais
60.	Orne	Alençon
61.	Pas-de-Calais	Arras
62.	Puy-de-Dôme	Clermont-Ferrand
63.	Pyrénées (Basses-)	Pau
64.	Pyrénées (Hautes-)	Tarbes
65.	Pyrénées-Orientales	Perpignan
66.	Rhin (Haut-)	Belfort
67.	Rhône	Lyon
68.	Saône (Haute-)	Vesoul
69.	Saône-et-Loire	Mâcon
70.	Sarthe	Le Mans
71.	Savoie	Chambéry
72.	Savoie (Haute-)	Annecy
73.	Seine	Paris
74.	Seine-Inférieure	Rouen
75.	Seine-et-Marne	Melun
76.	Seine-et-Oise	Versailles
77.	Sèvres (Deux-)	Niort
78.	Somme	Amiens
79.	Tarn	Albi
80.	Tarn-et-Garonne	Montauban
81.	Var	Draguignan
82.	Vaucluse	Avignon
83.	Vendée	La Roche-sur-Yon
84.	Vienne	Poitiers
85.	Vienne (Haute-)	Limoges
86.	Vosges	Épinal
87.	Yonne	Auxerre

LISTE DES DÉPARTEMENTS ACTUALISÉS DE FRANCE MÉTROPOLITAINE

	Département	Chef-lieu
1.	Ain	Bourg-en-Bresse
2.	Aisne	Laon
3.	Allier	Moulins
4.	Alpes de Haute-Provence	Digne-les-Bains
5.	Hautes-Alpes	Gap
6.	Alpes-Maritimes	Nice
7.	Ardèche	Privas
8.	Ardennes	Charleville-Mézières
9.	Ariège	Foix
10.	Aube	Troyes
11.	Aude	Carcassonne
12.	Aveyron	Rodez
13.	Bouches-du-Rhône	Marseille
14.	Calvados	Caen
15.	Cantal	Aurillac
16.	Charente	Angoulême
17.	Charente-Maritime	La Rochelle
18.	Cher	Bourges
19.	Corrèze	Tulle
2A.	Corse-du-Sud	Ajaccio
2B.	Haute-Corse	Bastia
21.	Côte-d'Or	Dijon
22.	Côtes d'Armor	Saint-Brieuc
23.	Creuse	Guéret
24.	Dordogne	Périgueux
25.	Doubs	Besançon
26.	Drôme	Valence
27.	Eure	Évreux
28.	Eure-et-Loir	Chartres
29.	Finistère	Quimper
30.	Gard	Nîmes
31.	Haute-Garonne	Toulouse
32.	Gers	Auch
33.	Gironde	Bordeaux
34.	Hérault	Montpellier
35.	Ille-et-Vilaine	Rennes
36.	Indre	Châteauroux
37.	Indre-et-Loire	Tours
38.	Isère	Grenoble
39.	Jura	Lons-le-Saunier
40.	Landes	Mont-de-Marsan
41.	Loir-et-Cher	Blois
42.	Loire	Saint-Étienne
43.	Haute-Loire	Le Puy-en-Velay
44.	Loire-Atlantique	Nantes
45.	Loiret	Orléans
46.	Lot	Cahors
47.	Lot-et-Garonne	Agen
48.	Lozère	Mende

	Département	Chef-lieu
49.	Maine-et-Loire	Angers
50.	Manche	Saint-Lô
51.	Marne	Châlons-en-Champagne
52.	Haute-Marne	Chaumont
53.	Mayenne	Laval
54.	Meurthe-et-Moselle	Nancy
55.	Meuse	Bar-le-Duc
56.	Morbihan	Vannes
57.	Moselle	Metz
58.	Nièvre	Nevers
59.	Nord	Lille
60.	Oise	Beauvais
61.	Orne	Alençon
62.	Pas-de-Calais	Arras
63.	Puy-de-Dôme	Clermont-Ferrand
64.	Pyrénées-Atlantiques	Pau
65.	Hautes-Pyrénées	Tarbes
66.	Pyrénées-Orientales	Perpignan
67.	Bas-Rhin	Strasbourg
68.	Haut-Rhin	Colmar
69.	Rhône	Lyon
70.	Haute-Saône	Vesoul
71.	Saône-et-Loire	Mâcon
72.	Sarthe	Le Mans
73.	Savoie	Chambéry
74.	Haute-Savoie	Annecy
75.	Paris	Paris
76.	Seine-Maritime	Rouen
77.	Seine-et-Marne	Melun
78.	Yvelines	Versailles
79.	Deux-Sèvres	Niort
80.	Somme	Amiens
81.	Tarn	Albi
82.	Tarn-et-Garonne	Montauban
83.	Var	Toulon
84.	Vaucluse	Avignon
85.	Vendée	La Roche-sur-Yon
86.	Vienne	Poitiers
87.	Haute-Vienne	Limoges
88.	Vosges	Épinal
89.	Yonne	Auxerre
90.	Territoire de Belfort	Belfort
91.	Essonne	Évry
92.	Hauts-de-Seine	Nanterre
93.	Seine-Saint-Denis	Bobigny
94.	Val-de-Marne	Créteil
95.	Val-d'Oise	Pontoise

Imprimé en Lettonie

Achevé d'imprimer : mai 2024
Dépôt légal : juin 2024